Les limites du principe d'inattaquabilité du certificat d'enregistrement en droit congolais

D/2020/4910/60 ISBN : 978-2-8061-0557-8

Grand'Place, 29
B-1348 Louvain-la-Neuve

www.editions-academia.be

Défi Augustin FATAKI WA LUHINDI

Les limites du principe d'inattaquabilité du certificat d'enregistrement en droit congolais

Préface de
KALAMBAY LUMPUNGU Gaston

Avant-propos de
KIFWABALA TEKILAZAYA Jean-Pierre

ACADEMIA

DU MÊME AUTEUR

Adages à l'usage du prétoire et du politique, Kinshasa, Éditions Batena Ntambua, 2008, 249 p.

Le certificat d'enregistrement délivré avant la loi foncière face au principe d'inattaquabilité, Kinshasa, Éditions Compodor, 2009, 76 p.

Les grandes lignes du projet de réforme de la loi foncière, Kinshasa, Éditions Compodor, janvier 2010, 10 p.

La loi foncière congolaise confrontée aux réalités sociétales, Kinshasa, Éditions du Service de Documentation et d'Études du ministère de la Justice et Garde des Sceaux, octobre 2011, 120 p.

Le secteur de la justice et l'État de droit, Open Society Fondations, juillet 2013, 160 p. (œuvre collective : Kifwabala Tekilazaya, Défi Fataki wa Luhindi et Marcel Wetsh'okonda Koso).

La portée réelle de l'enregistrement en droit foncier et immobilier congolais, Kinshasa, Éditions du Service de Documentation et d'Études du ministère de la Justice et des Droits humains, juillet 2013, 54 p.

SIGLES ET ABRÉVIATIONS

al.	alinéa
art.	article
CA	Cour d'appel
Cass. b.	Cour de cassation belge
CEDI	Centre protestant d'éditions et de diffusion
CPDZ	Connaissance et pratique de droit zaïrois
CSJ	Cour suprême de Justice
CTI	Conservateur des Titres Immobiliers
DI	Dommages-intérêts
FAC	Faculté
Kin	Kinshasa
LF	Loi foncière
OHADA	Organisation pour l'Harmonisation du Droit des Affaires en Afrique
PUZ	Presses universitaires du Zaïre
RC	Rôle civil
RCA	Rôle civil en appel
RCCM	Registre de Commerce et du Crédit Mobilier
RDC	République démocratique du Congo
RJC	Revue juridique du Congo
RJZ	Revue juridique du Zaïre
RP	Rôle pénal
RPA	Rôle pénal en appel
TGI	Tribunal de Grande Instance

TP	Tribunal de Paix
UPC	Université protestante au Congo
UNIKIN	Université de Kinshasa

Nous dédions cet ouvrage aux victimes de la spoliation. Nous espérons qu'elles trouveront à travers ces lignes consolation et arme nécessaire pour la restauration de la défense de leur droit.

REMERCIEMENTS

Conçu, travaillé et retravaillé pendant plusieurs années, ce livre a connu l'enrichissement des observations des Professeurs Gaston KALAMBAY LUMPUNGU et Vincent KANGULUMBA MBAMBI, du Premier Avocat Général de la République, feu KATUALA KABA-KASHALA, de l'ancien Bâtonnier National MBUY MBIYE TANAYI, alors Avocat à la Cour Suprême de Justice, de Maître Corneille WASENDA N'SONGO, alors Avocat à la Cour Suprême de Justice et actuellement Juge à la Cour constitutionnelle, de mes Confrères Maîtres Charlotte MUBANGI AMPAPEYI, Jean Alphonse NTETIKA MBAKATA, Robert KATAMBU NGOMA KABAZA, Landry MBUSA KATIMO, de Monsieur Roger SYAYIPUMA, Professeur de Philosophie et de mon père Maître Pierre FATAKI LUHINDI.

Cet ouvrage sera, sans doute, apprécié par les praticiens du droit qui n'hésiteront pas à appliquer les théories qui y sont développées.

Les observations, les critiques et suggestions m'ont permis d'enrichir le manuscrit de cet ouvrage, non seulement son fond mais également sa forme. Nous en avons aussi profité pour insérer, dans la rubrique annexe, les articles importants de la loi foncière qui reviennent de temps en temps dans la présente étude.

Qu'il me soit permis de rendre un hommage mérité aux Professeurs Gaston KALAMBAY LUMPUNGU et Jean-Pierre KIFWABALA TEKILAZAYA qui ont accepté, en dépit de leurs multiples occupations, le premier pour avoir préfacé mon livre et le second pour avoir rédigé son avant-propos.

Mes remerciements s'adressent également à mes enfants Julia, Augustin, Bénie, Pierre, Belle Louise Marie et Joseph pour l'affection dont ils me comblent.

PRÉFACE

C'est avec plaisir que j'ai accepté de préfacer le livre de Maître Défi Augustin FATAKI WA LUHINDI. Je tiens très sincèrement à le féliciter pour la volonté qui l'anime à partager avec ses contemporains le fruit de ses recherches axées sur des questions d'actualité portant sur les controverses liées au certificat d'enre-gistrement.

Il est utile de rappeler que le système *Torrens* a été adopté dans les possessions anglaises et dans les colonies françaises. L'État indépendant du Congo l'a aussi adopté peu après la France pour régir les terres occupées ou possédées par les Occidentaux. Les divers textes pris pendant l'État indépendant du Congo ont été coordonnés dans le décret du 6 février 1920, décret qui fut d'application tant au Congo belge qu'au Rwanda-Urundi.

De l'État indépendant du Congo au 30 juin 1960, les cours et tribunaux, pendant soixante-quinze ans, n'ont presque pas connu des litiges mettant en cause les droits fonciers et immobiliers couverts par les certificats d'enregistrement. Le secret de cette performance est que les Conservateurs des Titres Fonciers ainsi que les Notaires étaient tous des juristes, et tous fonctionnaires. Pour leur nomination à ces fonctions, on tenait compte non seulement de la compétence, mais aussi de leur valeur morale. Tel n'est plus le cas aujourd'hui.

La loi « Bakajika », d'abord et l'ordonnance n° 74-152 du 2 juillet 1974 relative aux biens abandonnés, ensuite, mal interprétées, ont permis à bon nombre de Congolais d'acquérir frauduleusement des concessions foncières et des immeubles d'autrui, surtout des étrangers vivant en dehors du pays. Pour mettre fin à ces fraudes massives, on prit la loi n° 84-008 du 18 juillet 1980 qui modifie et complète la loi du 20 juillet 1973. Concernant l'article 227, Maître MATADI WAMBA KAMBA MUTU dit dans sa préface, c'est très important, ce qui suit : « Pour vous révéler, en tant qu'auteur de la loi de 1980, quelque chose qui n'est pas dans l'exposé des motifs ni non plus, peut-être, dans les travaux préparatoires, si on peut encore y accéder… La loi du 18 juillet 1980, elle, est donc venue non pas porter atteinte au principe d'inattaquabilité du certificat d'enre-gistrement, mais plutôt faire échec à la perte inexorable d'un bien immobilier, du seul fait qu'il avait été passé à un tiers par le fraudeur, tout disposé à payer des dommages-intérêts modiques. En effet, l'inattaquabilité est réaffirmée dans le nouvel article 227, alinéa 2, demeuré inchangé. » À mon avis, ceux qui connaissent la place et des travaux préparatoires et de l'exposé des motifs doivent, avec cette révélation, mettre fin à ces fausses controverses doctrinales.

L'alinéa 2 de l'article 227 dispose, en effet, que « les droits sont inattaquables et les actions dirigées contre eux ne peuvent être qu'en dommages-intérêts ». Pour la mutation entre vifs, l'article 231, alinéa 1er dit que « les mutations, en vertu des contrats d'aliénation, ne peuvent être opérées que si ceux-ci sont passés en forme authentique ». Cette disposition renvoie à l'ordonnance-loi n° 66-344 du 9 juin 1966 relative aux actes notariés. Concernant l'acte authen-tique, les articles 199 et 201 du décret du 30 juillet 1888 relatif aux contrats ou aux obligations conventionnelles disposent respectivement : – « L'acte authentique est celui qui a été reçu par officiers publics ayant le droit d'instrumenter dans le lieu où l'acte a été rédigé, et avec les solennités requises. » – « L'acte authentique fait foi de la convention qu'il renferme entre les parties contractantes et leurs héritiers ou ayants cause jusque preuve littérale contraire. » Faut-il encore rappeler les dispositions de l'article 33 du même décret : « Les conventions légalement formées tiennent lieu de loi à ceux qui les ont faites. Elles ne peuvent être révoquées que de leur consentement mutuel ou pour les causes que la loi autorise. Elles doivent être exécutées de bonne foi. »

Quant à la mutation par décès, le législateur l'a entourée des mesures de publicité en minimisant au maximum une erreur de l'ordonnance d'investiture. En effet, l'alinéa 3 de l'article 233 dispose : « L'ordonnance d'investiture n'est rendue qu'après examen de tous actes ou documents propres à justifier le droit de l'impétrant et de telles mesures d'instruction qu'il appartient au magistrat de prescrire. Le Procureur de la République doit donner son avis par écrit », et ce dans les quatre mois à compter du jour où ont paru les journaux dans lesquels la requête a été publiée.

Si les dispositions équivalentes des articles 227 et 233 ne posent pas de problèmes doctrinaux aux magistrats et avocats du Rwanda et du Burundi, il y a lieu de chercher l'origine des controverses véhiculées en République démocratique du Congo. Les controverses sont l'œuvre de certains esprits tordus – comme l'a bien écrit Maître MATADI WAMBA KAMBA MUTU.

J'espère que cet ouvrage de Maître Défi Augustin FATAKI WA LUHINDI va mettre fin à ces controverses, et ce après la révélation de l'auteur de la loi de 1980.

G. KALAMBAY LUMPUNGU
Professeur émérite de l'Université de Kinshasa

AVANT-PROPOS

Le présent livre de Maître Défi Augustin FATAKI WA LUHINDI, que j'ai le privilège de présenter au public par le biais de cet avant-propos, s'intéresse au droit foncier et immobilier.

Consacré au certificat d'enregistrement, cet ouvrage est de ceux qu'on a plaisir à présenter aux juristes, plus particulièrement aux praticiens du droit attentifs aux problèmes que soulèvent les innombrables conflits en matière d'acquisition et de transfert des droits sur les immeubles. Il a ainsi le double mérite de la nouveauté et de l'utilité.

C'est en effet par le décret du 6 février 1920 que le législateur colonial congolais s'est approprié les principales règles du droit australien de l'époque, connu sous le nom de l'*Act Torrens* pour régir les droits portant sur les immeubles au Congo. Si au départ ledit système visait principalement et avant tout à assurer aux acheteurs et aux prêteurs des solides garanties facilitant ainsi ce que l'on avait appelé « la mobilisation des immeubles », le législateur congolais l'a appliqué aussi à toutes les sortes de mutations, dont notamment les mutations pour cause de mort. À l'occasion, il réaffirma le principe selon lequel la propriété enregistrée est affranchie de toutes causes de résolution ou d'annulation des contrats qui ont été passés aux fins d'en opérer l'enregistrement. La loi du 20 juillet 1973 telle que modifiée en 1980 confirme ce principe tout en le réaménageant. Elle reconfirme par la même occasion et du même fait le certificat d'enregistrement comme élément principal du système. Elle consacre son inattaquabilité ou du moins celle des droits qu'il consacre, pour nous, semble-t-il, éviter des contestations intempestives qui pourraient entraîner de l'insécurité dans les transactions immobilières. Les droits ne sont inattaquables qu'après deux ans à dater de l'établissement du certificat d'enregistrement.

Mais cette inattaquabilité n'est, dans la pratique, malheureusement pas comprise de la même façon par les juristes congolais. Des points de vue les plus divergents sont véhiculés par des doctrinaires. Des jugements, des arrêts sont rendus dans le sens le plus divers.

Pour une première fois, dans cette monographie, Maître FATAKI s'intéresse à mettre ensemble l'essentiel des prises de position exprimées sur la question, tout en s'efforçant de formuler à chaque fois ses appréciations personnelles.

Voilà une nouveauté bien que les points de vue exprimés par l'auteur soient eux aussi susceptibles d'appréciation. Nous voici ainsi conduit à insister sur l'utilité pratique de l'ouvrage de Maître FATAKI. Celui-ci ne s'est pas borné à présenter le principe d'inattaquabilité du certificat d'enregistrement, mais il a soigneusement relevé les limites à l'application dudit principe telles qu'elles ressortent de la loi et de la jurisprudence, en dégageant globalement les tâtonnements et contradictions de cette dernière. Son livre constitue ainsi, notamment en son chapitre 2 consacré aux exceptions du principe d'inatta-quabilité, une mine de renseignements pratiques sur l'état de la question. Tour à tour, il examine les exceptions audit principe consacrées par la loi dite foncière elle-même, le sort des certificats d'enregistrement dressés avant son entrée en vigueur et la situation des certificats d'enre-gistrement dressés sans aucune base.

Le rapprochement que fait l'auteur entre la règle de l'inattaquabilité et l'infraction de faux en écritures qui porterait sur le même certificat d'enregistrement, d'une part ; et, d'autre part, les incidences possibles des décisions rendues au pénal sur les contestations ayant des ramifica-tions civiles qui impliqueraient le certificat d'enregistre-ment inattaquable sont très intéressantes à découvrir.

Faut-il enfin insister sur l'agrément que le lecteur trouvera en parcourant rapidement ou en scrutant avec soins les développements de l'auteur ? Qu'il ait écrit son livre avec clarté, dans un langage simple, c'est une qualité non négligeable. Car la matière abordée n'est pas à la portée du premier venu. Le livre de Maître FATAKI, modeste de taille, mais enrichi de notes substantielles, constitue une preuve pertinente de sa contribution à l'édification du droit congolais.

Maître J.-P. KIFWABALA TEKILAZAYA
Professeur ordinaire à l'Université de Lubumbashi
Avocat près la Cour de cassation

INTRODUCTION

Dans le souci d'éviter le danger d'éviction intempestive et de protéger les transactions tant foncières qu'immobilières, le législateur congolais a, dès 1885, introduit dans l'arsenal juridique foncier et immobilier, les règles issues de l'*Act Torrens*, spécialement celle relative au principe d'inattaquabilité des droits enregistrés sur le certificat d'enregistrement, principe désigné sous l'expression « le principe d'inattaquabilité du certificat d'enregistrement ».

Ce principe a d'abord été posé clairement par le décret du 6 février 1920, ensuite par la loi du 20 juillet 1973 portant régime général des biens, régime foncier et immobilier et régime des sûretés, telle que modifiée et complétée par la loi n° 80-008 du 18 juillet 1980. Ces deux textes avaient des ressemblances quant aux principales règles issues de l'*Act Torrens*, notamment en ce qui concerne la consécration, par ces textes, du principe d'inattaquabilité des droits certifiés.

Il convient de relever que ce principe d'inattaquabilité du certificat d'enregistrement a connu diverses interpré-tations par les juristes. Il a même été souvent exploité d'une manière abusive par certains partisans d'une interprétation large des dispositions légales qui confèrent au certificat d'enregistrement une force probante spéciale et subordonnent l'action en rétrocession des droits qui en font l'objet à des conditions rigoureuses[1].

---

[1] DIBUNDA KABUINJI, « Portée exacte du caractère inattaquable du certificat d'enregistrement des droits fonciers et immobiliers en République du Zaïre », *Revue juridique du Zaïre*, n° 1, 2 et 3, p. 2.

Ce principe tel que conçu sous la loi du 20 juillet 1973 a été critiqué par bon nombre de juristes et par le législateur de 1980. L'inattaquabilité absolue de l'expression « le droit de propriété tel qu'il est constaté est inattaquable » avait donné l'occasion à des énormités et des monstruosités sociales. Ce fut le règne du gangstérisme immobilier marqué par la loi du plus fort, la loi de la jungle, la puissance de l'argent, tout cela facilité par la complicité du Conservateur des Titres Immobiliers dressant des certificats d'enregistrement indus au profit des escrocs. Ainsi, par exemple, du fait de la détention par plusieurs Nationaux des livrets de logeur, déjà abolis, des locataires malins avaient acquis des parcelles de leurs bailleurs ; des riches peu scrupuleux celles de leurs voisins démunis ; des héritiers apparents l'avaient fait au détriment des héritiers réels. Tout cela était effectué de manière illégale, mais aboutissait à l'obtention irrégulière des certificats d'enregistrement, inattaquables dès leur établissement[2].

Cette critique est partagée par une partie de la doctrine qui relève que certains acquéreurs de mauvaise foi voyaient leurs droits définitivement consolidés par le fait de la détention du certificat d'enregistrement tandis que ceux de bonne foi se trouvaient dépouillés de leurs droits dès lors que ces mêmes droits étaient constatés dans le chef des acquéreurs de mauvaise foi par un certificat d'enregistrement inattaquable[3].

---

[2] TSHILOMBO MUNYENGAYI, « La force probante du certificat d'enregistrement : évolution du principe et situation actuelle », *Revue juridique congolaise*, n° 2, 1999, p. 54.

[3] KADIMA MUELABITUHA, « De la nature des accommodements des droits constatés par le certificat d'enregistrement », *Revue juridique du Zaïre*, 1990-1991, p. 70.

En raison des imperfections constatées dans le décret du 6 février 1920 et véhiculées par la loi du 20 juillet 1973, le législateur de 1980 a jugé nécessaire d'apporter des modifications par la loi n° 80-008 du 18 juillet 1980.

En effet, dans son exposé des motifs, le législateur du 18 juillet 1980 dit :

« Bien qu'il soit souhaitable qu'à partir d'un certain moment, les droits fonciers et immobiliers reposent sur une assise inébranlable, ce souci ne peut aller jusqu'à consolider le fruit des vices ou des manœuvres frauduleuses. Or, il a été observé que l'alinéa 2 de l'article 227 de la loi foncière n° 73-021 du 20 juillet 1973 est à l'origine d'une interprétation qui considère le certificat d'enregistrement comme une voile pudique, couvrant toutes les indélicatesses commises en vue d'aboutir à son établissement. Telle ne peut être l'économie d'un texte légal ; il serait dans ce cas immoral et contraire à l'ordre public.

L'article premier de la présente loi [du 18 juillet 1980] entend mettre un terme à la situation équivoque ainsi créée. Il maintient la règle de l'inattaquabilité du certificat d'enregistrement, mais uniquement en faveur d'un titre établi dans des conditions licites ou après écoulement d'un délai de deux ans… »[4].

Il ressort de cet exposé des motifs faisant état des imperfections de la loi du 20 juillet 1973 que la loi n° 80-008 du 18 juillet 1980 prévoit la possibilité d'attaquer le certificat d'enregistrement endéans deux ans à partir de son établissement. En d'autres termes, après cette éché-ance, l'action en justice tendant à la rétrocession d'un bien

---

4 *Code foncier, immobiliers et régime des sûretés. Textes légaux et réglementaires coordonnés*, numéro spécial, 1992, p. 116.

immeuble spolié n'est pas concevable, eu égard au principe d'inattaquabilité du certificat d'enregistrement qui, par ailleurs, ne peut être contesté. Dans l'ordre de conséquence, des actions dirigées contre ce titre ne se mueront qu'en dommages-intérêts conformément à l'article 1er de la loi n° 80-008 du 18 juillet 1980.

Mais est-ce à dire, demande STENMANS, qu'« il soit impossible en droit congolais d'attaquer les droits réels immobiliers existants » ? À cette question, le Professeur LUKOMBE NGHENDA répond en ces termes : « Nous pensons répondre d'abord qu'en présence d'un vice entachant un titre ayant servi à l'enregistrement, le droit réel enregistré est inattaquable et qu'il ne reste à la victime que la possibilité d'exercer une action en dommages-intérêts »[5].

Pour sa part, KABUMBU M'BINGA BANTU, Premier Président honoraire de la Cour d'appel de Kinshasa/Matete, soutient que le certificat d'enregis-trement, vieux de plus de deux ans, ne peut être attaqué, quand bien même il serait entaché de faux ou obtenu sur base de faux document[6].

La position du Professeur LUKOMBE, que nous partageons, est concevable en matière civile. Nous remarquons, par contre, que l'opinion de Monsieur KABUMBU M'BINGA BANTU privilégie une approche civiliste et tend à ignorer l'objet du droit pénal, détruisant ainsi son autonomie. Aussi ne partageons-nous pas cette position doctrinale pour des raisons pertinentes que nous aurons à développer dans le corps de cette étude qui comprend trois chapitres, à savoir la portée du principe d'inattaquabilité du

---

5 LUKOMBE NGHENDA, *Droit civil : les biens*, Kinshasa, Publications des Facultés de Droit des Universités du Congo, 2003, p. 997.

6 KABUMBU M'BINGA BANTU, « La leçon juridique du mois de décembre 2001 », jurisprudence commentée de la Cour d'appel de Kinshasa/Gombe, p. 29.

certificat d'enregistrement (Chapitre I), les exceptions au principe d'inattaquabilité du certificat d'enregistrement en droit civil (Chapitre II) et enfin l'inattaquabilité et faux en écritures (Chapitre III). Nous mettrons un terme à notre étude par une conclusion.

CHAPITRE I

PORTÉE DU PRINCIPE D'INATTAQUABILITÉ DU CERTIFICAT D'ENREGISTREMENT

Ce premier chapitre comprend quatre sections relatives aux notions générales sur le certificat d'enregistrement (Section 1), à la portée réelle de l'enregistrement (Section 2), à l'évolution du principe de l'inattaquabilité du certificat d'enregistrement (Section 3) et au traitement jurisprudentiel (Section 4).

Section 1
Notions générales sur le certificat d'enregistrement

Dans cette section, nous allons d'abord définir le certificat d'enregistrement (§ 1) et préciser sa nature (§ 2). Nous traiterons ensuite de l'établissement et des mentions de ce certificat (§ 3) avant d'aborder le rapport entre le certificat d'enregistrement et les autres titres (§ 4) et d'exposer la procédure d'acquisition du certificat d'enregistrement (§ 5).

§ 1 Définition du certificat d'enregistrement

Le législateur congolais n'a pas défini le certificat d'enregistrement. La doctrine, quant à elle, a tenté de lui donner un contenu. Parlant de sa force probante, STENMANS souligne que le certificat d'enregistrement est un instrument auquel la loi attache les effets de droit exceptionnel[7]. Pour sa part, HEYSE écrit simplement que le certificat d'enregistrement est le véritable titre de propriété[8].

De son côté, le Professeur KANGULUMBA tire la définition de ce titre de la combinaison des articles 222 et suivants de la loi foncière. De ces dispositions, il ressort que l'autorité compétente pour établir le certificat d'enregistrement est un fonctionnaire de l'État appelé « Conservateur des Titres Immobiliers » ; que le document qu'il dresse a comme fonction d'attester d'un droit réel en faveur d'une personne déterminée ; et qu'enfin, cet acte a une valeur probante supérieure aux actes sous seing privé.

Aussi, comme l'a décidé la Cour Suprême de Justice, pouvons-nous définir le certificat d'enregistrement comme un « document ou un titre attestant le droit de propriété immobilière ou de jouissance foncière enregistré conformément à la loi, par un fonctionnaire, en l'occurrence le Conservateur des Titres Immobiliers, ayant pour but d'établir et de transmettre la propriété immobilière »[9].

Le Professeur KANGULUMBA ne partage pas le point de vue émis par la CSJ sur la dernière manche de cette définition. En effet, il estime que le certificat d'enregistrement n'a nullement pour vertu « de transmettre la propriété immobilière ». Il constate officiellement, par l'enregistrement, qu'il y a eu transfert de propriété entre deux

---

7 STENMANS A., cité par KIFWABALA TEKILAZAYA J.-P., *Droit civil. Les biens.* Tome 1. *Droits réels fonciers*, Lubumbashi, Presses universitaires de Lubumbashi, 2004, p. 416.

8 HEYSE, cité par KIFWABALA TEKILAZAYA J.-P., *op. cit.*, p. 416.

9 CSJ, 3 avril 1976, RC 100, B.A. 1977, p 64, in KATUALA KABA-KASHALA J.-M., *Le certificat d'enregistrement et le livret de logeur*, Kinshasa, Batena Ntambua, 1998, p. 7.

ou plusieurs personnes, au départ d'un acte qui peut être sous seing privé ou authentique[10].

Ce point de vue du Professeur KANGULUMBA est partagé par le Professeur KIFWABALA lorsqu'il affirme que le certificat d'enregistrement est un titre authentique établi par le Conservateur des Titres Immobiliers qui constate l'existence et la consistance d'un ou de plusieurs droits fonciers ou immobiliers[11].

Cette position doctrinale, contrairement à celle de la Cour suprême de Justice, ne nous paraît pas pertinente pour les raisons évidentes que nous aurons à développer lorsque nous aborderons la question relative à la portée réelle de l'enregistrement.

§ 2 Nature du certificat d'enregistrement

La loi foncière reste muette quant à la nature du certificat d'enregistrement. Par contre, en doctrine, ce titre est considéré comme un acte administratif par certains penseurs[12] et d'autres le prennent pour un acte authentique[13].

Quant à nous, nous estimons que ce titre a une nature hybride. Il renferme à la fois le caractère administratif et

---

10 KANGULUMBA MBAMBI V., *Précis de droit civil des biens.* Tome 1. *Théorie générale des biens et théorie spéciale des droits réels fonciers et immobiliers congolais*, Louvain-la-Neuve, Academia-Bruylant, 2007, p. 456.

11 KIFWABALA TEKILAZAYA J.-P., *Droit civil*, *op. cit.*, p. 416.

12 DIBUNDA KABUINJI, cité par FATAKI WA LUHINDI D. A., *Les limites du principe d'inattaquabilité du certificat d'enregistrement en droit congolais*, Kinshasa, Éditions du Service de Documentation et d'Études du ministère de la Justice et Garde des Sceaux, 2004, p. 26.

13 KALAMBAY LUMPUNGU G., « Certificat d'enregistrement : commentaire sur la dernière modification et circuit pour l'obtenir », inédit, p. 3.

authentique. Il est considéré comme un acte administratif dans la mesure où l'autorité qui l'établit, en l'occurrence le Conservateur des Titres Immobiliers, est un fonctionnaire public.

Parlant de l'acte administratif, le Professeur KABANGE NTABALA relève qu'en considération de l'origine, c'est-à-dire les personnes ou les organes de qui émane l'acte, sera considéré comme formellement acte administratif uniquement l'acte ayant pour auteur une autorité publique[14].

Le certificat d'enregistrement est également rangé parmi les actes authentiques en se fondant sur l'article 199 du Code civil congolais, livre III, selon lequel « l'acte authentique est celui qui a été reçu par officiers publics ayant le droit d'instrumenter dans le lieu où l'acte a été rédigé, et avec les solennités requises » et sur l'article 18 de l'ordonnance-loi n° 006/344 du 9 juin 1966 qui dispose : « Les Conservateurs des Titres Fonciers, conjointement avec les magistrats et agents désignés conformément à l'article 2, ont qualité pour donner l'authenticité à tout acte ayant pour objet la création, la transmission entre vifs, la déclaration ou l'extinction d'un droit dont l'existence entre parties ou vis-à-vis des tiers est subordonnée à une inscription dans les registres fonciers ou miniers. Ils ont également qualité pour donner l'authenticité à toute procuration relative à l'un des actes prévus à l'alinéa premier du présent article. »

Nous savons que le certificat d'enregistrement est un document établi par un officiel, un Conservateur des Titres Immobiliers, et ayant un contenu déterminé par la loi : date d'établissement, signature du Conservateur, sceau de

[14] KABANGE NTABALA Cl., *Droit administratif*, tome 1, Kinshasa, Imprimerie Vina, 1997, p. 28.

l'administration, situation, description, superficie et croquis de l'immeuble, etc.[15].

En ce qui concerne l'authentification d'un acte, le Professeur KANGULUMBA MBAMBI soutient avec raison que, dans plus d'un cas, la doctrine et la juris-prudence congolaise ont confondu l'authentification d'un acte avec la légalisation de la signature. Il s'agit, en réalité, de deux procédés totalement différents de nature et d'effets. Il y a authentification lorsqu'un acte a été reçu par un notaire ou un officier ministériel dûment compétent. Cet acte a une force non seulement probante, mais aussi exécutoire. La légalisation est le simple fait pour une autorité (bourgmestre) ou un fonctionnaire (officiel de l'état civil) d'attester de la conformité de la signature d'une personne par rapport à celle figurant sur un document d'identité[16].

C'est l'occasion pour nous d'informer ou de rappeler les praticiens de droit que l'exigence de légalisation des actes sous seing privé établis à l'étranger n'est plus de mise. En effet, par son arrêt du 15 avril 1998 sous RC 1659, la Cour suprême de Justice a décidé en ces termes :

« En effet, la procuration spéciale établie à l'étranger en vue de la représentation en justice au Congo est régie par le droit international privé congolais. Ainsi, elle est soumise, quant à la preuve de son authenticité, à la loi congolaise du juge saisi. Par application de l'article 20 de l'ordonnance-loi n° 66/344 du 9 juin 1966 sur les actes authentiques, la légalisation d'une telle procuration, bien que très fréquente dans la vie pratique, n'est pas nécessaire pour établir son authenticité ni pour lui conférer la force probante, cette

---

15 KALAMBAY LUMPUNGU G., « Certificat d'enregistrement… », *op. cit.*, p. 3.

16 KANGULUMBA MBAMBI V., *Précis de droit civil…*, *op. cit.*, p. 489.

preuve étant autorisée d'être administrée par toutes voies de droit. Il ressort donc des termes de l'article 20 susvisé que la légalisation n'est pas une formule substantielle, constitutive de l'authenticité, mais seulement l'un des modes de celle-ci.

Le jugement attaqué encourt donc cassation totale pour avoir méconnu la force probante de cette procuration spéciale établie à l'étranger, non légalisée, et pour avoir soulevé d'office l'irrégularité d'une telle procuration, les dispositions légales en cette matière n'étant pas d'ordre public et l'acte qui n'est point authentique valant comme écriture privée s'il a été signé par les parties comme dans cette espèce... ».

Par cette décision, la Cour suprême de Justice est revenue sur ses arrêts antérieurs, notamment ceux rendus sous RC 310, RP 926 et RC 1325.

Avant de mettre un terme à ce paragraphe, il nous paraît utile de signaler qu'en cas de manque de sincérité dans les mentions du certificat d'enregistrement, qui est un acte authentique, il y a lieu soit d'initier une action en faux en écritures contre l'auteur de cette infraction, soit de contester l'acte par le biais d'une procédure d'inscription en faux. S'agissant d'inscription en faux, avant 1981, le droit congolais ne prévoyait ni ne faisait allusion au système d'inscription en faux pour combattre un acte authentique argué de faux contrairement aux droits français et belge, ancêtres du droit congolais, qui avaient instauré la procédure d'inscription en faux. C'est en 1981 que la jurisprudence congolaise a timidement emboîté le pas aux droits français et belge en décidant que « l'acte d'appel est un acte authentique dont les mentions font pleine foi jusqu'à preuve littérale contraire ou inscription en faux »[17].

Cette introduction de la procédure d'inscription en faux en droit congolais, qui ne se conçoit que dans un litige civil, donc en présence d'un juge civil, a connu son jour de gloire avec la mise sur pied de l'ordonnance-loi n° 82-017 du 31 mars 1982 relative à la procédure devant la Cour suprême de Justice. Cette disposition légale a été reconduite par la loi organique n° 13/010 du 19 février 2013 relative à la procédure devant la Cour de cassation à son article 25. Le législateur congolais, par le biais de cet article, reconnaît uniquement à la Cour de cassation la compétence de connaître de la procédure en inscription en faux. Les juridictions de fond ne sont pas compétentes pour connaître de cette procédure. Qu'adviendrait-il alors en cas de production, communication ou signification d'une pièce prétendue fausse dans une instance principale engagée devant ces juridictions de fond ?

Faute de procédure appropriée à cet effet, les parties demandent généralement le rejet de la pièce prétendue fausse. À défaut, elles sollicitent du Tribunal de statuer sans avoir égard à cette pièce. Une telle démarche pécherait contre la foi due aux actes authentiques reconnue par le législateur et la jurisprudence congolais. En effet, il a été décidé que « l'acte d'appel est un acte authentique dont les mentions font pleine foi jusqu'à preuve littérale contraire ou inscription en faux »[18].

---

[17] CSJ, RC 370, 29/04/1981, in DIBUNDA KABUINJI, *Répertoire général de jurisprudence de la Cour suprême de justice : 1969-1985*, Kinshasa, Éditions Connaissance et pratique du droit zaïrois, 1990, p. 2.

[18] DIBUNDA KABUINJI, *Répertoire général…*, *op. cit.*, p. 2.

Dans le même ordre d'idées, BRUNET *et al.* relèvent que la vérification d'écriture est l'examen fait en justice d'un acte sous seing privé à l'effet de constater s'il a réellement été signé par la personne à laquelle il est attribué. Ils poursuivent en soulignant que cette procédure s'applique à toute écriture privée à l'exclusion des actes authentiques dont on ne peut renverser la force probante que par la voie de l'inscription de faux[19]. La jurisprudence renchérit en décidant que l'inscription de faux est la seule preuve contraire admise contre les mentions protégées par l'authenticité[20]. Cette règle est d'ordre public[21].

Aussi, faute de procédure d'inscription en faux au niveau des juridictions de fond, un plaideur se trouve dans l'impossibilité de contester un acte authentique produit par un autre dans une action principale au point que l'issue heureuse d'un procès peut en être hypothéquée. Pour sauvegarder les intérêts et les droits des plaideurs, il serait souhaitable *de lege ferenda* que le législateur congolais puisse généraliser cette procédure à toutes les juridictions de fond[22].

L'instauration de cette procédure découragerait certains esprits malveillants de faire usage, devant les juridictions de fond, du certificat d'enregistrement entaché de faux lors de son établissement.

---

19 *Répertoire pratique du droit belge*, n° 5, p. 654.

20 DE PAGE H., *Traité élémentaire de droit civil belge : principes, doctrine, jurisprudence.* Tome 3. *Les obligations*, 3e éd., Bruxelles, Bruylant, 1967, p. 782.

21 *Ibidem.*

22 FATAKI WA LUHINDI D. A., « L'inscription en faux contre les actes authentiques en droit congolais », in *Cahiers africains de droits de l'homme et de la démocratie*, 14e année, n° 28, vol. 1, janvier-juin 2010, Kinshasa, Centre de recherche pour la promotion et la protection des droits de l'homme en Afrique, p. 158.

§ 3 Établissement et mentions du certificat d'enregistrement

Selon la loi n° 73-021 du 20 juillet 1973 telle que modifiée et complétée par la loi n° 80/008 du 18 juillet 1980 dite foncière, le territoire national est divisé en circonscriptions foncières dont le Président de la République détermine le nombre et les limites[23]. Et chaque circonscription est administrée par un fonctionnaire appelé Conservateur des Titres Immobiliers[24]. C'est à ce dernier que revient la charge d'établir le certificat d'enregistrement conformément à l'article 225 de ladite loi. Le certificat d'enregistrement est dressé en double ; il est daté, scellé et signé du Conservateur des Titres Immobiliers. L'un des exemplaires est dressé dans le livre d'enregistrement, l'autre est délivré au titulaire du droit enregistré.

Le certificat d'enregistrement contient :

a) L'indication précise du ou des titulaires des droits ;
b) La situation, la description, la superficie et le croquis de l'immeuble ;
c) Les locataires de plus de neuf ans et les charges réelles autres que les servitudes légales dont l'immeuble est frappé selon les règles de publicité prescrites par la loi.

L'exemplaire délivré au nouveau propriétaire contient, en outre, le numéro du folio du livre d'enregistrement sur lequel le certificat est inscrit[25].

23 Article 222, alinéa 1 de la loi foncière.
24 Article 223, alinéa 1 de la loi foncière.
25 Article 225, alinéas 2 et 3 de la loi foncière.

§ 4 Rapport entre le certificat d'enregistrement et les autres titres

A. Le certificat d'enregistrement et le contrat privé conclu entre parties

Le système *Torrens* est l'antithèse du consensualisme contractuel du Code Napoléon. Sa philosophie de base renie aux volontés individuelles des parties contractantes toute capacité soit de constituer, soit de transférer les droits réels fonciers et immobiliers. Il en découle que les contrats immobiliers ne sont ni constitutifs ni translatifs des droits réels fonciers et immobiliers. Ces contrats se limitent à créer seulement les droits et les obligations de payer le prix et le droit de prendre inscription au certificat d'enregistrement. Le droit de l'acheteur est un droit personnel contre le vendeur, et qui ne sera transformé en droit réel sur l'immeuble que par l'établissement du certificat d'enregistrement[26].

En d'autres termes, les différents contrats translatifs de la propriété immobilière ou de la concession foncière que sont la vente, l'échange, la donation, le partage, l'indivision et la licitation[27] ne constituent nullement la preuve de la propriété immobilière ou de la concession foncière.

Une partie de doctrine souligne que le décret du 6 février 1920 avait introduit dans notre pays un système de transmission immobilière différent du système Napoléon et inspiré du système australien dénommé « l'*Act Torrens* ». Dans ce système, aucun acte translatif de propriété immobilière ou constitutif d'hypothèque ne produira ses effets qu'à partir de l'enregistrement qui en aura été fait par le Conservateur des Titres Immobiliers. Par le seul fait de

---

26 TSHILOMBO MUNYENGAYI, *La force probante…*, *op. cit.*, p. 47.

27 KATUALA KABA KASHALA J.-M., *op. cit.*, pp. 19 et 32.

l'enregistrement dudit acte, tous les droits qu'il constitue seront transférés à la partie intéressée.

Autrement dit, le droit de propriété immobilière, les autres droits réels immobiliers et fonciers ne sont pas le produit de la seule volonté des parties telle qu'elle résulte de leurs contrats ; leur mutation ne s'opère que par l'intervention du Conservateur des Titres Fonciers qui, soit établit un nouveau certificat d'enregistrement, soit porte une inscription sur le certificat déjà existant.

Il s'ensuit que le contrat crée certes des obligations entre parties, mais ne transfère pas la propriété de l'immeuble à l'acquéreur. L'acte de vente ne confère à ce dernier qu'un droit à devenir concessionnaire, propriétaire immobilier ou titulaire d'un autre droit foncier ou immobilier. Le droit réel immobilier ou foncier ne se transmettra que par la délivrance ou par l'inscription au certificat d'enregistrement. C'est ainsi que les praticiens du droit foncier congolais estiment que le droit à devenir concessionnaire ou propriétaire dérive d'une convention génératrice de l'obligation de transférer la propriété (ou la concession) ou de tout acte équivalent.

Il a ainsi été décidé que « même si le certificat d'enregistrement n'est pas encore établi en sa faveur, l'acheteur d'un immeuble peut en vertu du contrat de vente régulièrement passé avec le propriétaire, exercer toutes les prérogatives de ce dernier vis-à-vis des tiers, spécialement, le droit de demander en justice ». Dans la même logique, la Cour suprême de Justice a décidé qu'« en matière des droits immobiliers, l'enregistrement est un acte créateur des droits. On ne peut dès lors soutenir qu'il constate et consacre une réalité juridique qui existait déjà par le contrat de vente, celui-ci n'engendre qu'un droit de créance »[28].

---

[28] KIFWABALA TEKILAZAYA J.-P., *op. cit.*, pp. 402-404.

Ce point de vue de la Cour suprême de Justice n'est pas partagé par le Professeur KANGULUMBA qui estime que l'immatriculation ne crée ni la propriété ni le propriétaire. Ce n'est pas l'acte de naissance de la propriété individuelle, mais un acte de reconnaissance. La propriété existait déjà : la volonté des parties l'avait créée. Le but de l'enregistrement est d'asseoir l'immatriculation sur des droits incontestables, au-dessus de toute discussion. L'immatriculation n'est pas à l'origine du droit[29]. Cette position du Professeur KANGULUMBA que nous ne partageons pas fera l'objet de notre analyse lorsque nous aborderons le point ayant trait à la portée réelle de l'enregistrement.

B. Le certificat d'enregistrement et le droit d'occupation

1. Définition du droit d'occupation

Tous les spécialistes du droit foncier congolais s'accordent à affirmer et à enseigner que le régime foncier était dualiste, parce qu'ils fondent leur classification sur les sources du droit : le droit écrit et le droit coutumier. Pour le Professeur KALAMBAY, cette classification est inexacte, car à côté du droit de propriété, du droit écrit et des terres dites indigènes, il y a une troisième catégorie de droit d'occupation, administratif, dans les circonscriptions urbaines[30].

Le droit d'occupation était organisé par l'ordonnance d'administration générale n° 48/8 du 12 février 1913 relative à l'organisation des cités indigènes des centres extra-coutumiers

---

[29] KANGULUMBA MBAMBI V., *op. cit.*, p. 464.

[30] KALAMBAY LUMPUNGU G., *Régime foncier et immobilier*, vol. 2, Kinshasa, Presses universitaires du Zaïre, 1989, p. 102.

dans les circonscriptions urbaines et constaté en son temps et même à ce jour, en dépit de sa suppression, par le livret de logeur et les titres similaires dont le permis d'occupation, l'attestation de droit d'occu-pation, la fiche parcellaire.

L'expression du droit d'occupation employée par l'ordonnance du 12 février 1913 est définie de la manière suivante dans le *Vade-Mecum* du Katanga : « Le droit d'occupation précaire est autorisé par l'autorité administrative qui accorde la jouissance du terrain convoité pour une durée indéterminée ou pour une durée déterminée avec ou sans clause de tacite reconduction »[31].

2. Nature juridique et caractéristiques du droit d'occupation

Comme nous l'avons précédemment relevé, le droit d'occupation est constaté par le livret de logeur et d'autres titres similaires. Ce droit d'occupation est un simple acte administratif local qui peut être révoqué unilatéralement à tout moment par l'administration qui l'a délivré.

Il importe de noter que, sous l'empire du régime du droit d'occupation, le fonds appartient à l'État et le détenteur d'un droit ou permis d'occupation n'a que le droit d'occupation. Ce droit d'occupation n'est pas un droit réel, mais a une nature administrative consistant en une autorisation accordée par l'autorité administrative au bénéficiaire de jouir du terrain convoité pour une certaine durée.

Ensuite, ce droit d'occupation n'est accordé qu'à la condition, pour son bénéficiaire, de construire une maison dans un délai fixé dans le permis d'occupation. Le

[31] *Ibidem.*

bénéficiaire du droit d'occupation jouit pleinement de ses constructions : il peut les louer ou les vendre à des tiers. Notons que la vente est parfaite entre parties au contrat, mais vis-à-vis des tiers, le vendeur et l'acheteur doivent opérer la mutation en changeant le nom sur la fiche parcellaire détenue par l'administration et la vente de ses constructions entraîne la vente de son droit d'occupation[32].

S'agissant des caractéristiques du droit d'occupation, on peut retenir quatre éléments principaux : ce droit est personnel, délimité dans l'espace, indirectement susceptible d'aliénation entre vifs ou pour cause de mort et précaire[33].

1° Le droit d'occupation est personnel puisque le permis d'occupation ou le livret de logeur est délivré à une personne physique bien déterminée et la parcelle est inscrite à son nom ;

2° Le droit d'occupation est délimité dans l'espace, car l'administration, avant d'attribuer une parcelle, doit délimiter ;

3° Le droit d'occupation est indirectement susceptible d'aliénation entre vifs ou pour cause de mort, car le permis d'occupation est accordé avec l'obligation de bâtir dans un délai prévu dans l'acte d'autorisation. En cas d'inexécution de tout ou partie, l'autorité compétente, pour accorder le permis d'occupation, peut le retirer, pour accorder un autre permis portant sur la même parcelle à une autre personne ;

---

32 KABUMBU M'BINGA, *op. cit.*, p. 22 ; KALAMBAY LUMPUNGU G., *Régime foncier…*, *op. cit.*, pp. 102-103 ; KATUALA KABA KASHALA J.-M., *op. cit.*, p. 11.

33 KALAMBAY LUMPUNGU G., *Régime foncier…*, *op. cit.*, pp. 102-103.

4° Le droit d'occupation est précaire, c'est-à-dire révocable *ad nutum.* En principe, ce droit est révo-cable à tout moment. Cela découle de la définition même de ce droit et des explications du Conseil colonial, car le Gouvernement, en accordant ce droit, garde la latitude d'y mettre fin à n'importe quel moment et de reprendre une partie ou l'intégralité du terrain pour une raison d'intérêt public sans passer par la longue procédure d'expropriation pour cause d'utilité publique.

« Cette reprise, comme on peut lire dans le *Vade-Mecum*, doit être, évidemment, précédée d'un préavis d'une durée qui est prévue dans le corps de l'autorisation et peut varier d'un à trois mois, des fois, jusqu'à douze mois suivant le cas et l'étendue occupée. »

Le permis d'occupation, titre accordé à l'occupant d'une parcelle dans une cité indigène ou un centre extra-coutumier, n'a qu'une valeur administrative tout comme le droit d'occupation même ; il est différent en conséquence du certificat d'enregistrement parce qu'il n'a pas de caractère inattaquable et opposable à tous. De ce fait, ce titre, à cause de son caractère précaire, n'accorde pas la même sécurité juridique à l'occupant que le certificat d'enregistrement.

Ce droit d'occupation étant actuellement supprimé, il n'est plus intéressant de présenter ses inconvénients et ses avantages. Mais ce que nous pouvons retenir comme conclusion, c'est que le droit d'occupation urbaine est une concession administrative qui, dans ce cas, n'est pas enregistrée puisqu'il n'est pas considéré comme un droit réel.

Étant donné son caractère fort vague, le législateur de 1953 a voulu, par décret, permettre à tous les Congolais qui le désireraient de transformer leur droit d'occupation en propriété du type adopté par le Code civil[34].

3. Suppression, conversion et validité du droit d'occupation

Le décret du 10 février 1953, qui n'avait laissé aux titulaires de droit d'occupation qu'une faculté et non une obligation de convertir leur droit en droit de propriété, a connu un échec dans son application. Fort de cette expérience, la loi foncière, quant à elle, tranche et rend obligatoire la conversion de ce droit en concession perpétuelle[35]. En effet, l'article 390 de la loi foncière dispose :

« À compter de l'entrée en vigueur de la présente loi, le droit d'occupation constaté par le livret de logeur ou par tout autre titre équivalent délivré dans une ville ou une zone de la République est supprimé. Toutefois, ceux de Nationaux qui détiennent actuellement un tel droit, pourvu que celui-ci soit régulier et porte sur un terrain de domaine privé de l'État situé dans une circonscription lotie et cadastrée, se verront octroyer un titre de concession sur le fond occupé ».

Il en découle que tous les titres constatant le droit d'occupation ne doivent plus être délivrés après l'entrée en vigueur de la loi foncière du 20 juillet 1973.

Il est cependant regrettable de constater que ces différents titres sont encore délivrés par les autorités administratives de certains secteurs. Pour preuve, nous pouvons donner, à titre illustratif, les cas formulés ci-après :

---

34 KALAMBAY LUMPUNGU G., *Régime foncier…*, *op. cit.*, p. 104.

35 *Ibidem.*

- livret de logeur délivré par le Chef de service d'urbanisme ville à Mademoiselle DIM DIAN en date du 9 juillet 1992 ;
- attestation de propriété délivrée par le Commissaire de zone de Bandalungwa à NG LUM en date du 27 décembre 1995 ;
- attestation de droit d'occupation parcellaire délivrée par le Chef de division urbaine à LIONZO BOKAKO en date du 6 juillet 1990 ;
- attestation d'occupation parcellaire n° 185/93 délivrée à KAP MUAL par le Commissaire de zone de Ngaliema en date du 17 août 1993.

Il importe de signaler que, lors d'une descente sur terrain que nous avons effectuée, cet état des choses n'a pas été contredit par les autorités administratives contactées, notamment celles de la Commune de Ngaliema à Kinshasa, qui ont prétendu que ces titres servent à prouver la propriété de la parcelle. En d'autres termes, ils donnent le droit de propriété aux personnes qui les détiennent.

Cependant, les autorités administratives de la Commune de Lemba, toujours à Kinshasa, font état non seulement de la non-délivrance par leurs services de livret de logeur mais également de la suspension de la délivrance de l'attestation d'occupation parcellaire. Quant à l'attestation de droit d'occupation, elles ont relevé que ce titre continue à être délivré par le service de cadastre conventionnel de la division urbaine de Limete/Urbanisme et Habitat.

Cette information a été confirmée par le Chef de division du domaine de la circonscription foncière de Lukunga qui a suggéré, avec raison, que ce service soit supprimé, car il viole continuellement l'article 390 de la loi foncière en délivrant ces différents titres déjà abolis. Il induit, de ce fait, la population en erreur en leur faisant croire qu'elle détient des documents parcellaires valables, alors que juridiquement ils n'ont aucune valeur.

Il y a donc lieu de ne plus recourir à l'obtention de ces titres devenus caducs, d'autant plus que la justice leur a toujours méconnu toute valeur juridique. C'est dans ce cadre qu'il a été jugé que :

- viole ainsi la loi (art. 219), le juge qui déclare une personne propriétaire d'un immeuble litigieux en l'absence d'un certificat d'enregistrement[36] ;
- de même, le juge qui reconnaît le droit de jouissance et le droit de devenir concessionnaire sur une parcelle de terre à une personne démunie des titres prévus par la loi, en l'espèce la fiche parcellaire et le livret de logeur signés par un Commissaire de Zone[37] ;
- en l'absence d'un contrat de location ou d'un certificat d'enregistrement, tout autre titre est inopérant pour établir ou transmettre un droit réel immobilier[38] ;

Cependant, il y a lieu de souligner que ces différents actes non prévus par la loi foncière peuvent être présentés comme un commencement de preuve par écrit dans le cas où il n'existerait aucun acte ou titre valable couvrant le bien immeuble en dispute.

En revanche, s'agissant du livret de logeur et d'autres titres similaires obtenus avant l'entrée en vigueur de la loi

---

36 CSJ, RC 1266, 5 septembre 1990, in KALONGO MBIKAYI, *Code civil et commercial congolais*, cité par KANGULUMBA MBAMBI V., *Cours de droit civil : les biens*, 2e édition, 2e graduat en droit, Année académique 2003-2004, p. 228.

37 CSJ, RC 1972, 24 juillet 1998, in *RAJC*, 1998 et note de DIBUNDA KABUINJI, cité par KANGULUMBA MBAMBI V., *op. cit.*

38 CA Kinshasa/Matete, 30 avril 1993, in *RJAC*, 1998, p. 35, cité par KANGULUMBA MBAMBI V., *op. cit.*, p. 228.

foncière de 1973, ils restent valables jusqu'à leur conversion en certificat d'enregistrement ou en contrat de location.

À ce sujet, il est demandé au détenteur de droit appelé à être converti d'apprêter son dossier composé du livret de logeur ou titre similaire, de la fiche cadastrale, s'il y a lieu, et de tous les renseignements et documents concernant la parcelle, l'identification du ou des titulaires des droits, le régime matrimonial du demandeur, etc.[39], qu'il doit introduire au Conservateur des Titres Immobiliers en vue de la conversion.

Si le dossier du requérant remplit toutes ces conditions, le Conservateur des Titres Immobiliers procède au remplacement du livret de logeur par le certificat d'enregistrement. Ce livret de logeur est alors frappé d'un timbre « annulé » et conservé dans les archives de la conservation des titres immobiliers. Par contre, dans le cas où la mise en valeur n'est pas réalisée ou ne le serait que partiellement, le livret de logeur est remplacé par un contrat de location avec option à la concession perpétuelle.

Dans les deux cas précédents, il faut que le titulaire du droit d'occupation soit de nationalité congolaise. Si lors de la conversion de droit d'occupation, il se trouve des étrangers et des personnes morales de droit congolais qui occupent les parcelles sous couvert de livret de logeur, leur droit est converti en concession ordinaire. C'est aussi le cas, à notre sens, d'un livret de logeur couvrant une parcelle appartenant conjointement à un Congolais et un étranger.

---

39 Article 3 de l'arrêté n° 90-002 du 31 mars 1990 fixant les modalités de conversion des titres de concession perpétuelle ou ordinaire, in KALONGO MBIKAYI, *Code civil et commercial congolais*, Kinshasa, Centre de recherches et de diffusion juridiques, 1997, p. 241.

En attendant la réalisation de ce vaste programme de conversion de droit d'occupation en concession perpétuelle ou ordinaire, les titulaires de livrets de logeur ou des titres équivalents gardent la jouissance de la parcelle qu'ils occupent et sont autorisés, comme par le passé, à transférer tout droit à devenir propriétaires des immeubles par incorporation qui s'y trouvent[40].

Pour mener à bien cette conversion et permettre à la population de sécuriser son patrimoine immobilier et foncier en obtenant le certificat d'enregistrement, il serait souhaitable que, d'une part, les conditions financières et administratives soient allégées, de sorte que l'obtention du certificat d'enregistrement ne soit plus un privilège ou un luxe réservé aux nantis et, d'autre part, qu'une campagne de sensibilisation soit déclenchée, afin d'éviter à la population d'être à la merci des escrocs de tout bord.

Le certificat d'enregistrement étant le seul titre à même de sécuriser le patrimoine immobilier et foncier, il serait nécessaire que la procédure de son acquisition soit examinée au point suivant.

§ 5 Procédure d'acquisition du certificat d'enregistrement

En République démocratique du Congo, on ne peut devenir propriétaire immobilier ou concessionnaire foncier, c'est-à-dire obtenir le certificat d'enregistrement, que de trois manières : en présentant soit un contrat de vente passé en forme authentique, soit un jugement coulé en force de chose jugée, soit enfin une ordonnance d'investiture.

---

[40] KALAMBAY LUMPUNGU G., *Régime général…*, *op. cit.*, p. 107.

Outre ces trois modes d'acquisition du certificat d'enregistrement, nous pouvons également relever deux autres modes, à savoir l'acquisition du certificat d'enregistrement à la suite de la conversion de titre d'occupation, en l'occurrence le livret de logeur en certificat d'enregistrement, et l'obtention du certificat d'enregistrement découlant de la demande de terre jusqu'à l'établissement du certificat d'enregistrement en passant par le contrat de location, ou contrat d'occupation provisoire de concession.

Nous pouvons qualifier ce dernier mode d'obtention du certificat d'enregistrement de procédure ordinaire d'acquisition du certificat d'enregistrement.

L'examen de ce point portera sur la mutation entre vifs et la procédure ordinaire d'obtention du certificat d'enregistrement en passant par la mutation par décès.

A. Mutation entre vifs

Il ressort des articles 220 et 231 de la loi foncière que la mutation entre vifs s'opère soit en vertu d'un contrat d'aliénation passé en forme authentique, soit en vertu d'un jugement passé en force de chose jugée.

1. Mutation par contrat d'aliénation

Les contrats translatifs de la propriété immobilière ou de la concession foncière sont : la vente, l'échange, la donation, le partage, l'indivision et la licitation. Ces contrats doivent être passés en forme authentique, les actes sous seing privé n'apportant aucune garantie de sécurité[41]. En effet, aucun certificat d'enregistrement ne peut être établi sur base d'un acte sous seing privé.

---

[41] KATUALA KABA KASHALA J.-M., *op. cit.*, p. 19.

À ce sujet, nous pouvons évoquer l'article 231 de la loi foncière qui dispose :

« Les mutations, en vertu de contrats d'aliénation, ne peuvent être opérées que si ceux-ci sont passés en forme authentique. Le contrat d'aliénation peut être passé devant le Conservateur, qui en dresse l'acte avant l'enregistrement. Le Conservateur n'instrumente qu'après s'être fait assurer de l'identité et de la capacité des contractants.

Lorsque le contrat d'aliénation a été passé devant un autre officier public sur le territoire national ou à l'étranger, l'acte de ce contrat est remis au conservateur, en minute ou en copie certifiée conforme. Le conservateur s'assure de la validité de l'acte. S'il échet, il en exige la légalisation ».

Il sied cependant de noter que cette condition d'authenticité n'est pas nécessaire pour la validité du contrat, mais plutôt celle de sa capacité à opérer la mutation.

La validité du contrat est appréciée par rapport au respect des conditions prévues par le Code civil congolais livre III à son article 8, alors que l'authenticité par le Conservateur des Titres Immobiliers ou tout autre officier ministériel est une condition de mutation.

Ainsi, tout contrat d'aliénation doit d'abord être valable en tant que contrat, puis authentifié pour permettre de servir à la mutation des droits immobiliers ou de concession.

S'il est établi à l'étranger, le contrat doit d'abord être conclu conformément au droit du pays d'établissement quant à sa validité, ensuite il doit être authentifié ou notarié pour satisfaire à l'exigence de l'article 231, alinéa 1 de la loi foncière et enfin, en application de l'article 20 de l'ordonnance-loi n° 66/344 du 9 juin 1966 sur les actes authentiques, il doit être légalisé par l'Ambassade de la République démocratique du Congo établie dans ledit pays, pour avoir une force probante[42].

Cette condition d'authenticité a été posée pour permettre au Conservateur des Titres Immobiliers de passer mutation, c'est-à-dire d'établir un nouveau certificat d'enregistrement au nom de l'acquéreur. La mutation suppose, aux termes de l'article 235 de la loi foncière, le transfert d'une propriété immobilière d'un patrimoine vers un autre. Ce qui implique nécessairement l'existence d'un premier certificat d'enregistrement.

Quant à la validité des contrats, l'article 8 du Code civil congolais livre III soumet les contrats à quatre conditions essentielles de validité : le consentement de la partie qui s'oblige, sa capacité de contracter, un objet certain qui forme la matière de l'engagement et une cause licite dans l'obligation.

Les causes de résolution ou de nullité du contrat ou de l'acte et l'erreur de l'ordonnance d'investiture libellées à l'alinéa 3 de l'article 227 de la loi foncière viennent généralement du non-respect de ces quatre conditions essentielles[43]. Et en cas du non-respect de ces conditions, le certificat d'enregistrement peut être attaqué dans les deux ans à partir de l'établissement du certificat d'enre-gistrement[44].

---

42 Il sied de noter toutefois que la légalisation n'est pas l'unique condition pour donner la force probante car l'article 20 susvisé utilise l'expression « notamment », ce qui signifie que d'autres formalités peuvent être opérées pour administrer la preuve que l'acte ainsi établi à l'étranger provient véritablement de son auteur.

43 KATUALA KABA KASHALA J.-M., *op. cit.*, p. 19.

44 *Ibidem*, p. 25.

Il convient, cependant de noter que ces causes de résolution ou d'annulation de l'acte juridique tendant à l'obtention d'un droit réel immobilier ne donnent lieu qu'à une action personnelle en dommages-intérêts après l'écoulement de ce délai de deux ans.

Qu'adviendrait-il dès lors qu'il aura été établi que le certificat d'enregistrement a été confectionné sur base d'un faux contrat d'aliénation et qu'en outre le délai de deux ans se serait déjà écoulé ? Cette question sera examinée ultérieurement dans le dernier chapitre de cet ouvrage relatif au faux en écritures.

2. Mutation par jugement

Ce mode de mutation intervient à l'issue d'un procès au cours duquel le Tribunal, après avoir annulé ou constaté l'inexistence d'un certificat d'enregistrement d'une des parties au procès, ordonne au Conservateur des Titres Immobiliers d'établir au profit d'une autre partie un nouveau certificat d'enregistrement.

Il convient de signaler que cette décision par laquelle le Tribunal ou la Cour donne ce type d'injonction au Conservateur des Titres Immobiliers doit être coulée en force de chose jugée. En effet, il ne peut être établi un certificat d'enregistrement non seulement sur base d'un acte sous seing privé ni non plus sur base d'un jugement susceptible d'un recours, c'est-à-dire non encore passé en force de chose jugée. Tout certificat d'enregistrement établi donc sur base d'un jugement qui est encore susceptible de recours peut être annulé.

En effet, il a été décidé que « selon l'article 231, alinéa 4 de la loi du 20 juillet 1973, les mutations en vertu des jugements ne peuvent être opérées que si ceux-ci sont passés en force de chose jugée. Les Conservateurs ne sont donc pas admis à effectuer une mutation en vertu d'un jugement non définitif même si celui-ci était exécutoire par provision »[45]. Il en sera ainsi :

- des certificats établis sur base des jugements avant faire droit[46] ;
- des jugements susceptibles de réformation[47].

C'est aussi le cas lorsqu'il s'agit de jugements assortis de la clause de l'exécution provisoire[48].

Cependant, la question intéressante est de savoir quand une décision judiciaire acquiert l'autorité de la force de chose jugée dans le contexte de la mutation, car le Conservateur des Titres Immobiliers ne peut délivrer un titre de propriété aussi longtemps qu'une décision de justice est encore susceptible de voies de recours.

À notre avis, le recours dont il est question est relatif aux recours ordinaires, dont l'opposition et l'appel. En effet, comme le soutient Jean-François WEBER, l'exercice d'une voie de recours ordinaire suspend l'exécution du jugement, contrairement à l'exercice d'une voie de recours extraordinaire, sauf si la loi en dispose autrement. Et c'est précisément le cas en matière pénale et en matière de divorce[49]…

---

45 KALONGO MBIKAYI, *op. cit.*, p. 204.

46 Cass. b., 14 avril 1903, Pas. I, p. 1901.

47 1re Instance Léo, 14 août 1931, in *RJCB*, p. 353, p. 15.

48 NTETIKA MBAKATA J. A., *L'exécution provisoire et les défenses à exécuter en procédure civile congolaise*, Kinshasa, Kapanga, 2011, pp. 81 et ss.

49 WEBER J.-F., *La Cour de cassation*, Paris, La Documentation française, 2006, p. 62.

Les recours extraordinaires ne sont donc pas concernés. Pour de plus amples détails, il plaira au lecteur de se référer à notre livre intitulé *La loi foncière congolaise confrontée aux réalités sociétales*[50].

3. Mutation par conversion de titre d'occupation

Cette question a été examinée lorsque nous avons abordé le paragraphe 4, point 3, qui est axé sur la suppression, la conversion et la validité du droit d'occupation. Il sied donc de s'en référer.

B. Mutation par décès

Nous parlerons successivement et succinctement de la succession ab intestat et de dispositions testamentaires en matière de mutations à cause de décès.

De prime abord, il y a lieu de rappeler que la loi du 20 juillet 1973 ne règle plus les mutations pour cause de mort. L'article 232 de cette loi qui régissait cette matière a été abrogé par l'article 2 de la loi du 18 juillet 1980 et par l'article 920 du Code de la famille en tant que matières relatives au droit successoral.

1. Notion sur la liquidation des successions

Lorsqu'une personne décède sans laisser de testament, la loi organise la transmission de son patrimoine. On parle alors de la succession ab intestat, c'est-à-dire à liquider à l'absence de testament, et donc sur base des règles prévues par la loi. Les personnes appelées à recueillir les biens laissés par le de cujus sont dénommées héritières.

---

50 FATAKI WA LUHINDI D. A., *La loi foncière congolaise confrontée aux réalités sociétales*, Kinshasa, Éditions du Service de Documentation et d'Études du ministère de la Justice et Garde des Sceaux, 2011, pp. 58-60.

Le Code Napoléon prévoit diverses catégories d'héritiers, à savoir les descendants, les ascendants et les collatéraux. Dans la dévolution successorale, les descendants ont priorité sur les autres héritiers.

En ce qui concerne la succession testamentaire, le défunt peut modifier l'ordre prévu par la loi et désigner les personnes auxquelles il entend transmettre ses biens. Toutefois, ses volontés ne devront pas porter atteinte aux droits que la loi reconnaît sur ses biens pour une certaine catégorie de ses héritiers.

Qu'il s'agisse de la succession légale ou testamentaire, la transmission immobilière se réalise par le fait même du décès et au moment précis de ce décès.

Ainsi, la succession et le testament n'ont d'effet translatif de propriété qu'au moment de la mort du propriétaire[51].

L'étape la plus importante dans la dévolution successorale est celle se rapportant à l'attribution du certificat d'enregistrement au profit des héritiers du de cujus, laquelle s'opère suivant une procédure précise.

2. Procédure d'investiture des héritiers sur un immeuble

L'héritier qui désire obtenir la mutation pour cause de décès doit au préalable adresser une requête d'investiture au président du Tribunal de grande instance de la situation de l'immeuble. La requête doit être publiée dans un ou plusieurs journaux de l'État que désignera le juge.

[51] KENGO WA DONDO, *De l'acquisition et de la transmission des droits immobiliers en droit zaïrois*, Mercuriale, Kinshasa, Imprimerie Saint-Paul, 1980, pp. 7-8.

Après l'examen de la requête à laquelle seront annexés les actes et les documents de l'impétrant pour éclairer la religion de Tribunal, le juge rendra, après l'avis écrit de l'Officier du ministère public, une ordonnance d'investiture dans les quatre mois à compter du jour où ont paru les journaux dans lesquels la requête aura été publiée. C'est ce qui ressort de l'article 233 de la loi foncière.

C'est à la fin de cette procédure que le Conservateur des Titres Immobiliers interviendra pour établir un nouveau certificat d'enregistrement en faveur de l'héritier qui aura satisfait à toutes ces conditions.

C. Procédure ordinaire d'obtention du certificat d'enregistrement

Cette procédure passe par trois étapes essentielles, à savoir la demande de terre, l'attribution du contrat de location ou d'occupation provisoire et l'octroi d'un certificat d'enregistrement[52].

Le processus pour l'obtention du certificat d'enregistrement débute par la demande de terre formulée par le requérant à l'endroit du Conservateur des Titres Immobiliers. Celui-ci est secondé dans sa tâche par le bureau du domaine et celui du cadastre.

En effet, le bureau du domaine est chargé d'examiner la demande de terre introduite par le requérant. Cet examen porte sur la destination du terrain convoité et les conditions posées par l'administration. Dans le cas où cet examen s'avérerait concluant, le bureau du domaine communique ce dossier au bureau du cadastre qui attribuera au requérant un

52 KALAMBAY LUMPUNGU G., *Le droit foncier zaïrois et son unification*, Thèse de doctorat, Université catholique de Louvain, Faculté de droit, 1973, p. 422.

numéro cadastral. En outre, le bureau du cadastre vérifiera si la mise en valeur a été effectuée endéans trois ans.

C'est au terme de cette mise en valeur que le Conservateur des Titres Immobiliers interviendra pour faire connaître son avis et renverra par la suite le dossier au bureau du domaine pour l'élaboration d'un projet de contrat de location à soumettre à sa signature.

Après que le contrat aura été signé en faveur du requérant, celui-ci passera à la seconde phase, celle du contrat de concession. Le contrat offre à son bénéficiaire le droit de jouir de la parcelle, d'en utiliser les produits, de l'aliéner et de la donner en héritage.

Le bénéficiaire de ce contrat de concession est tenu de maintenir la mise en valeur de ce fonds. Dès lors que le Conservateur des Titres Immobiliers constatera que la mise en valeur est effective, il procédera alors à l'enregistrement du titre concédé par l'État conformément à l'article 219 de la loi foncière. Pour ce faire, il dressera en double exemplaire le certificat d'enregistrement en prenant soin de le dater, sceller et signer. L'un des exemplaires est dressé dans le livre d'enregistrement, l'autre est délivré au titulaire du droit enregistré.

D. Obtention du certificat d'enregistrement prévue par le droit OHADA

Il est sans nul doute que le crédit est au centre des affaires. Le monde des affaires marche avec le crédit. Toutefois, il n'y a pas de crédit sans garantie.

C'est pourquoi, au regard du risque d'insolvabilité du débiteur qui guette toujours le créancier, il sied de redonner aux sûretés leurs lettres de noblesse dans la mesure où elles assurent le recouvrement de la créance et contribuent au développement économique.

Cependant, il est impérieux de souligner que toutes les sûretés (réelles et personnelles) n'offrent pas les mêmes garanties de paiement aux créanciers. Au nombre de catégories des sûretés, il y en a une considérée, à juste titre, comme « la reine des sûretés ». Il s'agit, à coup sûr, de l'hypothèque.

En considération des avantages qu'offre la constitution d'hypothèque, moult institutions financières notamment les banques recourent à ce mécanisme en vue de l'octroi de crédit.

In claris, en vertu de l'article 190 de l'Acte uniforme portant organisation des sûretés, l'hypothèque est appréhendée comme « l'affectation d'un immeuble déterminé ou déterminable appartenant au constituant, en garantie d'une ou plusieurs créances, présentes ou futures à condition qu'elles soient déterminées ou déterminables ». Si le créancier est payé, il sera procédé à la radiation de l'hypothèque.

En tant que droit réel immobilier, l'hypothèque permet au créancier non désintéressé à l'échéance convenue de se faire payer sur le prix de la réalisation de l'immeuble grevé, en quelque main qu'il se trouve, par préférence aux autres créanciers.

Dans la pratique, les institutions financières en tant que créancières hypothécaires non payées dans le délai convenu, afin d'obtenir la mutation du titre de propriété, recourent à deux dispositions pertinentes de l'Acte uniforme sur les sûretés, à savoir les articles 198 et 199.

L'article 198 dispose : « À moins qu'il ne poursuive la vente du bien hypothéqué selon les modalités prévues par les règles de la saisie immobilière, auxquelles la convention d'hypothèque ne peut déroger, le créancier hypothécaire impayé peut demander en justice que l'immeuble lui demeure en paiement. Cette faculté ne lui est toutefois pas offerte si l'immeuble constitue la résidence principale du constituant ».

De son côté, l'article 199 stipule : « À condition que le constituant soit une personne morale ou une personne physique dûment immatriculée au Registre du Commerce et du Crédit Mobilier et que l'immeuble hypothéqué ne soit pas à usage d'habitation, il peut être convenu dans le contrat d'hypothèque que le créancier deviendra propriétaire de l'immeuble hypothéqué. À l'issue d'un délai de trente jours suivant une mise en demeure de payer par acte extrajudiciaire demeurée sans effet, le créancier pourra faire constater le transfert de propriété dans un acte établi selon les formes requises par chaque État Partie en matière de transfert d'immeuble ».

Au regard de ce qui précède, il y a lieu de dénombrer deux modes d'obtention du certificat d'enregistrement prévus par le Code OHADA.

1. Attribution judiciaire de l'immeuble hypothéqué (article 198, alinéa 1 in fine, de l'Acte uniforme sur les sûretés).

En principe, la réalisation de l'hypothèque s'opère de deux manières : l'attribution conventionnelle et celle judiciaire.

Toutefois, en raison des difficultés pratiques d'attribution conventionnelle à l'occasion de l'inscription hypothécaire, il est inséré la clause attributive de propriété, laquelle peut également être prévue dans le contrat d'hypothèque. Il peut arriver également que les parties concluent un acte séparé de dation en paiement.

Aux termes de l'article 198 susvisé, le créancier a un droit d'option entre la vente forcée d'immeuble précédée de la saisie immobilière (lire article 246 et suivants de l'Acte uniforme sur les sûretés) et l'attribution judiciaire d'immeuble.

2. Sommation judiciaire en paiement suivie de la mutation du titre (article 199 de l'Acte uniforme sur les sûretés).

Si, pour l'hypothèse de l'attribution judiciaire d'immeuble, il n'est pas requis que le constituant de l'hypothèque soit une personne morale ou une personne physique dûment immatriculée au Registre de Commerce et de Crédit Mobilier, donc une personne commerçante, ici, pour que le créancier opte pour la sommation judiciaire à payer suivie de la mutation du titre, il faut que le constituant d'hypothèque ait la qualité de commerçant. Il sied de préciser que l'immatriculation au RCCM fait présumer de la qualité de commerçant.

Il convient de rappeler qu'au vœu du législateur communautaire, les facultés de l'attribution judiciaire et de la sommation judiciaire au paiement suivies de la mutation du titre, prévues respectivement par les articles 198, alinéa 1 *in fine* et 199 de l'Acte uniforme portant organisation des sûretés, ne sont pas ouvertes dès lors que l'immeuble visé constitue la résidence principale du constituant.

Ainsi donc, après l'obtention de la décision d'attribution judiciaire d'immeuble ou la sommation judiciaire en paiement non suivie d'effet dans un délai de trente jours, le créancier hypothécaire est admis à procéder à la mutation du titre devant le Conservateur des Titres Immobiliers territorialement compétent.

À ce jour, quantité d'institutions financières, notamment les banques de la place, le Fonds de Promotion de l'Industrie, etc., font application de ces recettes en vue d'obtenir la mutation des titres de leurs débiteurs insolvables étant entendu que l'obtention du certificat d'enregistrement est l'aboutissement de toutes ces opérations.

En effet, le certificat d'enregistrement étant aujourd'hui l'une des preuves admises en matière foncière et immobilière pour tout droit de propriété sur un immeuble ou de jouissance sur un fonds, il remplace tous les anciens titres, notamment le livret de logeur.

Le certificat d'enregistrement, obtenu par le biais de l'un de ces modes, est créateur et générateur de droit immobilier et seul le certificat d'enregistrement est à même de transférer la propriété, comme nous aurons à le démontrer avec force détail dans la section suivante.

Section 2
La portée réelle de l'enregistrement

État de la question

La question relative à la fonction du certificat d'enregistrement en droit foncier et immobilier congolais divise les experts en la matière.

Une partie de la doctrine, représentée par le Professeur Vincent KANGULUMBA MBAMBI, soutient que le certificat d'enregistrement est un titre qui établit ou prouve le droit de jouissance d'un fonds, la propriété immobilière et éventuellement les charges réelles.

En effet, pour le Professeur Vincent KANGULUMBA MBAMBI, la thèse que le certificat d'enregistrement serait créateur ou générateur du droit de propriété ne trouve aucune base dans la loi (foncière). Aucune disposition légale ne mentionne le certificat d'enregistrement comme (mode) d'acquisition de propriété.

Il poursuit en relevant que la loi foncière a bien l'air d'être dévaluée à cause des théories juridiquement insoutenables et socialement conflictogènes et destructrices, et qui notamment octroient ou reconnaissent certaines vertus, illicites et non avérées, au certificat d'enregistrement. Ces fausses théories sont pour la plupart nées après 1973. Pourtant, le certificat d'enregistrement est institué depuis le décret du 6 février 1920[53].

Pour notre part, à la lumière de la loi, de la jurisprudence, de la doctrine, du rapport du conseil colonial, seul l'enregistrement est à même d'établir la propriété, seul l'enregistrement est capable de transférer la propriété. Le bénéficiaire d'un acte de cession ou d'un acte de vente n'est pas propriétaire du bien immobilier, il possède juste un titre à le devenir.

Cette thèse que nous nous proposons de défendre n'est pas née après 1973. Par contre, c'est une thèse qui date de l'époque coloniale et qui, à notre avis, présente des moyens de droit soutenables et pertinents.

Pour ne pas désorienter d'une part les praticiens de droit, à savoir les magistrats et avocats, et d'autre part les

---

53 KANGULUMBA MBAMBI V., « Deux questions récurrentes de droit foncier : "vertus" fausses ou supposées du certificat d'en-registrement et portée réelle et opportunité de l'article 16 de la loi du 24 décembre 2011 relative aux principes fondamentaux de l'agriculture », in *Revue du Barreau de Kinshasa/Gombe*, n° 5, 2012, pp. 55, 56 et 65.

législateurs qui seront appelés à statuer le moment venu sur la réforme de la loi foncière, nous avons jugé nécessaire de présenter dans les lignes qui suivent les moyens de droit soutenant cette thèse.

Ainsi parlerons-nous d'abord de l'enregistrement en droit foncier et immobilier (§ 1), puis nous axerons notre réflexion sur le transfert de la propriété et de la concession foncière (§ 2).

§ 1 Enregistrement en droit foncier et immobilier

Ce premier paragraphe est subdivisé en quatre sous-sections. Il s'agit de l'origine de l'enregistrement (A), de l'effet de l'enregistrement (B), de sa portée (C) et enfin de la sanction du défaut d'enregistrement (D).

A. Origine de l'enregistrement

Notre régime foncier est basé sur le « système *Torrens* » inspiré de l'*Act Torrens*. Ces deux expressions se retrouvent fréquemment dans les commentaires, mais en fait, très rares sont ceux qui savent avec précision ce qu'est l'*Act Torrens* et l'ont lu. On le sait, l'*Act Torrens* est une loi australienne, plus exactement une loi prise par la *South Australia* avant la fédération des colonies australiennes. Les problèmes fonciers donnaient lieu à beaucoup de difficultés dans ces pays neufs, si bien que Sir Robert Torrens, à la fois directeur de l'enregistrement et député, conçut et défendit de façon très combative *un système en vue d'établir la sécurité des transactions immobilières*. Il parvint à le faire adopter en 1858[54].

[54] « L'Act Torrens », in *Le Journal des tribunaux d'Outre-mer*, 6e année, n° 55, 15 janvier 1955.

Il faut reconnaître à l'honneur des premiers dirigeants de l'État indépendant qu'ils ont eu le mérite de s'approprier les principales règles de l'*Act Torrens* comme législation organique de la transmission de la propriété foncière[55].

Parmi ces principales règles, il existe celle relative à l'enregistrement. À ce sujet, il est écrit : « En vertu de l'article 37, à partir de cet enregistrement, l'existence juridique de l'immeuble va se dérouler désormais sans interruption par l'effet de la nécessité absolue et constante de l'intervention du conservateur des titres fonciers pour toute transmission de propriété et toute constitution de droit réel soit entre vifs, soit par décès. À chaque mutation, comme autrefois dans les coutumes de nantis-sement, le fonds est censé faire retour au seigneur, qui en investit le nouveau titulaire ».

Cette doctrine juridique, que les contrats ne peuvent engendrer que des obligations proprement dites, qu'ils sont impuissants à opérer par eux-mêmes le transfert de droits réels, même entre les parties contractantes, un droit absolu ne pouvant se concevoir à l'état relatif, a été remarquablement mise en lumière par M. J. VAN BIERVLIET dans son rapport sur l'acquisition et l'extinction des droits patrimoniaux, à la commission de révision du Code civil (*Belgique judiciaire*, 1895, col. 241 et suiv.).

Ses adversaires eux-mêmes ont reconnu que, dans un pays neuf, lorsqu'on organise la propriété de toutes pièces, il est plus simple et pratique, peut-être même plus conforme à la notion juridique de l'acquisition des droits réels, de ne pas

55 Rapport du Conseil colonial sur un projet de décret ajoutant un nouveau titre au livre du Code civil intitulé : « Des biens et des différentes modifications de la propriété », in *Compte rendu analytique des séances*, année 1919, Bruxelles, 1920, annexe VI.

distinguer entre les parties contractantes et les tiers, et de décider que la translation de la propriété ou la constitution de droits réels ne résultera que de l'enregistrement au livre foncier (GUILLOUARD, *Privilèges et hypothèques*, I, n° 416)[56].

B. Effet de l'enregistrement

À l'époque coloniale et avant la loi Bakajika, l'enregistrement portait sur le sol et sur les immeubles par incorporation.

1. Le sol

Dès sa constitution, l'État indépendant du Congo établit le régime foncier du Congo sur les bases suivantes :

a) Il reconnaît les droits des indigènes sur les terres qu'ils occupent ;
b) Il reconnaît, moyennant une vérification préalable, les droits que les particuliers peuvent prétendre avoir acquis sur certaines terres, avant sa constitution ;
c) Il s'attribue la propriété des terres vacantes (article 2 de l'ordonnance du 1er juillet 1885 ; cette ordonnance fut prise par l'administrateur général « autorisé à cet effet par le Roi-souverain » ; les articles 1 et 3 du décret du 14 septembre 1886 confirment implicitement mais de manière non douteuse que les terres vacantes appartiennent à l'État, sans enregistrement).

Les terres occupées par les indigènes, sous l'autorité de leurs chefs, continuaient d'être régies par les coutumes et les usages locaux ; les droits reconnus aux particuliers devraient être enregistrés ; quant aux terres vacantes, leur propriété en était acquise à l'État, sans formalité, par la seule vertu de la loi

56 *Ibidem*, annexe VI, pp. 608-609.

et il ne peut donc plus être question de faire « naître » cette propriété dans son chef par l'enre-gistrement : celui-ci ne pourrait donc que confirmer la propriété de la Colonie sur certaines de ses terres, procédé que le législateur n'a pas institué.

On se demande d'ailleurs comment, sans ajouter à la loi, pareil enregistrement pourrait pratiquement s'opérer. Lorsqu'il s'agit d'établir légalement une propriété privée, au sens de l'article 36, le Conservateur ne peut fonder ses enregistrements que sur des titres reconnus ou concédés par la Colonie, titres que celle-ci serait bien en peine de lui produire pour une terre vacante.

Si pour l'État l'exigence de l'enregistrement n'est pas requise pour la consécration de sa propriété, le concessionnaire n'a pas le choix, il n'a d'autre ressource, pour établir sa propriété, que de recourir à l'enregistrement ; comme tout acte visant à transmettre la propriété, l'acte de concession qu'il tient de la Couronne ne produit ses effets qu'à partir de l'enregistrement et par le seul fait de cet enregistrement[57].

2. Les immeubles par incorporation

La propriété privée des immeubles par incorporation, envisagée séparément du sol, n'est légalement établie que par un certificat d'enregistrement du titre authentique qui lui sert de base (Code civil, L. II, art. 36, al. 2).

L'alinéa 2 actuel (ci-dessus) de l'article 36 ne résulte pas du décret de 1920, mais d'un décret du 28 mars 1949. Avant 1949, l'article 36 ne parlait que de la propriété du sol et de la propriété des mines. L'adjonction de cet alinéa

57 STENMANS A., « De la transmission de la propriété immobilière », in A. SOHIER (dir.), *Droit civil du Congo belge*, Bruxelles, Larcier, 1956, pp. 215-218.

nouveau à l'article 36 a profondément modifié la théorie congolaise de l'accession artificielle. C'est pourquoi il paraît utile d'indiquer brièvement la portée de la modification intervenue.

Avant le décret du 28 mars 1949, les immeubles par incorporation appartenaient nécessairement au propriétaire du sol. Le Code civil, après avoir décidé que la propriété du sol emporte celle du dessus et du dessous (L. II, art. 16) et que la propriété d'une chose immobilière donne droit sur tout ce qui s'y unit et s'y incorpore (art. 22), s'attachait uniquement à organiser l'établissement légal de la propriété privée du sol, sans consacrer aucune disposition à l'établissement de la propriété des immeubles par incorporation ou par destination.

Le propriétaire du fonds était donc nécessairement propriétaire des immeubles par incorporation et des immeubles par destination, sans qu'aucune convention ne pût valablement déroger à ce principe. C'était, en somme, l'application rigoureuse de la théorie romaine de l'ac-cession, application rigoureuse à laquelle les législations modernes, et spécialement la législation belge, ont renoncé.

Comme pour la propriété privée du sol, la propriété privée d'un immeuble par incorporation ne peut être établie, au vœu de la loi, que par l'enregistrement du titre qui lui sert de base[58].

C. Portée de l'enregistrement

Tout comme la propriété privée du sol, la propriété des immeubles par incorporation ne peut être légalement établie que par l'enregistrement.

58 *Ibidem*, pp. 222-224.

Aussi longtemps que l'enregistrement n'est pas réalisé, le propriétaire du fonds reste donc propriétaire des incorporations, son cocontractant n'ayant qu'un droit à devenir propriétaire de celles-ci, droit qu'il exerce ou non selon sa volonté[59].

D. Sanction du défaut d'enregistrement

Cette sanction résulte de l'article 36, al. 1er (Code civil, L. II). Tant que le cessionnaire n'a pas fait enregistrer son titre, sa propriété n'est pas établie au vœu de la loi ; il a le droit de devenir propriétaire, et il ne tient qu'à lui de le devenir, mais il n'est pas propriétaire[60].

§ 2. Transfert de la propriété immobilière et de la concession foncière

Le deuxième paragraphe de notre étude de la portée de l'enregistrement comprend quatre sous-sections, qui traiteront successivement du principe du transfert de la propriété immobilière (A), de sa portée (B), de la mutation conventionnelle (C) et enfin des applications jurisprudentielles (D).

A. Le principe

Les mutations, soit entre vifs, soit par décès, de la propriété immobilière ne s'opèrent que par un nouveau certificat d'enregistrement (art. 37, al. 1, Code civil, L. II). Il y a mutation, au sens de l'article 37 (Code civil, L. II), lorsqu'il y a transfert, d'un patrimoine dans un autre patrimoine, d'une propriété immobilière enregistrée[61].

---

59 *Ibidem*, p. 224.
60 *Ibidem*, p. 220.
61 *Ibidem*, pp. 231-232.

B. La portée du principe

Les mutations de la propriété immobilière, aux termes de l'article 37 (Code civil, L. II), ne s'opèrent que par l'enregistrement. Que faut-il entendre par là ?

Le décret de 1920, s'inspirant des principes du système *Torrens*, consacre un système selon lequel, à la différence des législations issues du code Napoléon ou apparentées à celui-ci, la propriété ne peut se transmettre, soit par la vertu d'une convention, soit par la vertu d'une décision judiciaire, soit par le fait du décès.

Seul l'enregistrement est capable d'opérer pareil transfert, non seulement à l'égard des tiers – ce qui n'aurait rien d'original, voyez les principes de la transcription en droit belge et en droit français – mais également entre parties.

La convention, le décès, le jugement ne sont en droit congolais que des titres en vertu desquels la mutation de propriété sera effectuée par l'enregistrement ; il en va de même du procès-verbal d'adjudication publique en cas de vente forcée, de la prescription acquisitive (si elle est encore admise en droit congolais), etc.

Cette interprétation a suscité une vive controverse, principalement en matière de mutations conventionnelles[62].

C. La mutation conventionnelle

Certains auteurs refusent d'admettre que le décret de 1920 ait supprimé, en matière immobilière, l'effet translatif des conventions. Ils considèrent que, sur ce point, le système congolais n'est pas différent des systèmes français et belge :

---

62 *Ibidem*, p. 233.

l'enregistrement n'est à leurs yeux qu'une formalité, rendue indispensable par la loi pour que le transfert de la propriété, acquis entre parties par le seul effet de la convention, soit opposable aux tiers[63].

Loin de prendre fin, ce débat vient d'être alimenté par le Professeur Vincent KANGULUMBA MBAMBI qui partage la position de ces auteurs. Dans sa récente publication, il écrit :

« Au demeurant, la thèse que le certificat d'enregistrement serait créateur ou générateur du droit de propriété ne trouve aucune base dans la loi (foncière).

En effet, au plan strictement juridique, l'on ne peut devenir propriétaire d'un bien :

- Selon les modalités du Code civil congolais livre III (par titre ou par acte : droit de rétention du créancier gagiste, vente, accession différée en matière de bail en cas de location-vente) ;
- Ou selon les modalités du Code de la famille (libéralités, legs ; droit des successions, régimes matrimoniaux).

Nous distinguons donc [poursuit-il] les modes originaires ou médiats des modes dérivés ou indirects. Au titre des modes originaires, l'on peut citer notamment :

- L'invention ou le travail d'esprit (art. 50 LF) ;
- L'accession, l'incorporation, l'occupation des choses perdues, la prescription acquisitive, la découverte d'une chose (art. 51 LF) ;
- La possession de bonne foi de meubles corporels (art. 658 CCCL III).

63 *Ibidem*, pp. 235-236.

Comme modes dérivés, l'article 49 de la loi du 20 juillet 1973 dispose que "La propriété des biens s'acquiert et se transmet par donation entre vifs, par testament, par succession et par convention". Il y a lieu d'ajouter qu'elle peut l'être par décision de l'autorité publique ou par jugement. »

En guise de conclusion, le Professeur Vincent KANGULUMBA MBAMBI souligne qu'« aucune disposition légale ne mentionne le certificat d'enregistrement comme (mode) d'acquisition de propriété »[64].

Réagissant à la thèse des auteurs de l'époque coloniale, réaction pouvant aussi valoir comme réponse à l'argumentaire du Professeur Vincent KANGULUMBA MBAMBI, Alain STENMANS soutient :

« À cette argumentation, dont on a peine à dégager l'idée maîtresse, il y a lieu d'opposer en ordre principal le texte même de la loi australienne. Ce texte établit, en termes exprès, que le transfert de la propriété ne peut résulter que de l'enregistrement de la convention :

Article 43, alinéas 1 et 2 : "Aucun acte translatif de propriété, ou constitutif d'hypothèque, ayant pour objet un immeuble soumis au régime de la présente loi, ne produira ses effets qu'à partir de l'enregistrement qui en aura été fait conformément à ladite loi. Mais, par le seul fait de l'enregistrement dudit acte, tous les droits qu'il constitue seront transférés à la partie intéressée, sous les conditions et modalités expresses contenues audit acte, ou réputées aux termes de la loi en être la conséquence implicite."

---

64 KANGULUMBA MBAMBI V., « Deux questions… », *op. cit.*, pp. 55-56.

En résumé, l'opinion ici examinée paraît avoir confondu deux notions distinctes : le fait que la convention ne peut transférer la propriété, d'une part ; le fait, d'autre part, que la convention peut cependant créer des obligations entre parties, lesquelles obligations n'auront d'effet vis-à-vis des tiers que si, comme il est normal, elles aboutissent à la constitution de charges, droits ou servitudes atteignant l'immeuble et portés aux documents fonciers.

Comme argument de texte subsidiaire, il y a encore lieu d'invoquer la rédaction de l'article 48 de la loi australienne : "En cas de vente projetée…, le vendeur rédigera un mémorandum de transfert (Le mémorandum de transfert est, aux termes de l'article 3 de la loi, l'acte passé par une personne en vue de transférer un immeuble ou un droit immobilier)… Le mémorandum devra contenir une indication exacte du droit qu'il s'agit de transférer…", etc.

Mais il n'y a pas que le texte. Il y a aussi l'esprit de l'*Act Torrens*. Recherchant une sécurité absolue en matière immobilière, grâce à un mécanisme d'une grande simplicité, Torrens devait choisir entre le système dans lequel une certaine publicité est requise pour rendre le transfert du droit opposable aux tiers (système français) et le système qui exige le recours à une formalité substantielle pour ce transfert lui-même (système germanique). De ce point de vue, le choix n'était pas douteux : la sécurité et la simplicité sont en effet, mises en échec, si un bien considéré peut régulièrement appartenir à deux personnes distinctes, selon qu'on se place au point de vue des parties contractantes ou au point de vue des tiers. Torrens n'a pas manqué, d'ailleurs, de faire état de la législation allemande.

La fiction légale qu'il a conçue, selon laquelle le bien retourne à la Couronne, à chaque mutation, confirme encore son choix : cette fiction a pour inévitable conséquence, en effet, de supprimer l'effet translatif des conventions.

Et enfin, il faut redire avec MM. Fortemaison et Louveaux que même si Galopin s'était trompé sur la portée de l'*Act Torrens* en ce domaine, encore resterait-il que son rapport au Conseil colonial est devenu, par la volonté de ce dernier, le rapport du Conseil colonial. *Or, ce rapport traduit, sans contestation possible, l'intention formelle d'exclure en droit congolais l'effet translatif des conventions immobilières.* Le recours aux travaux préparatoires doit certes se faire avec prudence ; mais lorsque ces travaux, résumant officiellement et de manière circonstanciée les positions adoptées, ne laissent aucun doute sur l'intention qu'ils expriment, il ne serait assurément pas de bonne méthode de les écarter, surtout si, comme en l'espèce, ils sont en plein accord avec le texte de l'acte législatif dont ils fournissent le commentaire »[65].

Poursuivant son argumentation, Alain STENMANS relève que : « Ce système entraîne l'abrogation, en matière immobilière, du principe inscrit en 1888 dans l'article 264 du Code des obligations (aujourd'hui livre III du Code civil congolais), à la suite de l'article 1583 du Code civil belge.

En confectionnant le Code des obligations, le législateur de 1888 avait d'ailleurs prévu que la législation foncière du Congo, encore embryonnaire et mal précisée à l'époque, serait peut-être en opposition avec certaines règles empruntées au Code civil belge. Aussi avait-il eu soin, dans un article final (art. 660), de décider que les dispositions du Code des obligations ne sont applicables en matière de propriétés foncières que pour autant qu'elles ne sont pas contraires aux lois particulières sur le régime foncier.

[65] STENMANS A., *op. cit.*, pp. 236-238.

Quel est, dans ces conditions, l'effet d'une convention, lorsqu'elle tend au transfert de la propriété immobilière ? Celui, normal, de toute convention : la création d'obligations, soit unilatérales, soit synallagmatiques.

Ainsi, la convention de vente créera au vendeur l'obligation de procurer la propriété à l'acheteur, ce qui implique, dans l'ordre pratique : le concours à la passation d'un acte authentique (art. 48), si la convention n'a pas encore été traduite de cette manière, et la remise, soit à l'acheteur, soit au conservateur des titres fonciers, du certificat qui doit être annulé ; dans le chef de l'acheteur, l'obligation essentielle de payer le prix à l'échéance convenue et toutes autres obligations que le contrat a pu stipuler.

Dans le cas de donation pure et simple, la convention créera une obligation unilatérale, dans le chef du donateur : celle de procurer gracieusement la propriété au donataire et de faire tous les actes nécessaires pour y parvenir. Même analyse pour les autres conventions visant au transfert de la propriété immobilière (échange, partage).

En résumé, l'acquéreur d'un bien immobilier ne tire jamais de la convention qu'un droit de créance sur l'aliénateur : le droit de devenir propriétaire, par l'enregistrement de la convention. Dans l'état actuel de la législation, ce droit peut faire l'objet de transferts successifs, seul le dernier acquéreur demandant l'enregistrement et convertissant ainsi son "droit personnel" à devenir propriétaire en "droit réel" de propriété (voy. L'exposé très clair de M. Jentgen, sous Elis, 9 décembre 1952, J.T.O. 1953, pp. 117-118).

Il est cependant question aujourd'hui d'obliger l'acquéreur à présenter dans un certain délai son acte authentique d'acquisition à la formalité de l'enregistrement (Cons. col. 1954, pp. 247 et 390 ; Députation permanente du Conseil de Gouvernement, XXVIe session, séance du 5 avril 1955, compte rendu analytique, p. 32) »[66].

D. Applications jurisprudentielles

Selon Alain STENMANS, l'examen des principales décisions rendues en la matière (foncière et immobilière) fait apparaître qu'à de rares exceptions près, les juges ont eu à adopter l'opinion traditionnelle selon laquelle les contrats d'aliénation immobilière ne sont pas, en droit congolais, translatifs de propriété. À ce sujet, STENMANS cite les cas présentés ci-après[67] :

1. Inst. stan., 9 avril 1927 et Léo., 9 févr. 1928, pp. 139-146.

S'appuyant sur l'interprétation traditionnelle de l'article 37 (Code civil, L. II), le Tribunal et la Cour décident que la règle de l'article 276 du livre III du Code civil, frappant de nullité la vente de la chose d'autrui (stellionat), ne trouve pas à s'appliquer en matière immobilière. Cette règle est en effet fondée sur l'effet translatif du contrat de vente, effet translatif qui est écarté par le législateur lorsqu'il s'agit d'une vente d'immeuble ; le vendeur ne faisant que s'obliger, par le contrat, à procurer à l'acheteur la propriété de l'immeuble, il n'est nullement indispensable qu'il soit propriétaire au moment où il contracte cette obligation. Ces deux décisions sont à parcourir entièrement.

2. Inst. R. U., 12 fév. 1946, R.J., p. 149.

Cette décision se réfère à l'arrêt du 29 septembre 1925 et publiée dans la *Jurisprudence et Droit du Congo* (pp. 84-89).

66 *Ibidem*, p. 235.
67 *Ibidem*, pp. 247-249.

Elle insiste sur le fait que, dès que les parties sont d'accord sur la chose et sur le prix, la vente est parfaite ; *mais elle fait observer que cette vente n'a pas pour effet direct de rendre les acheteurs propriétaires de l'immeuble, les mutations immobilières ne pouvant s'opérer, selon la législation congolaise, que par l'enregistrement.*

Observations

Les décisions judiciaires nous proposées par Alain STENMANS pour illustrer la thèse que nous défendons s'inscrivent dans l'esprit et la lettre de l'*Act Torrens* en ce que :

- Le contrat de vente n'est pas translatif de propriété ;
- L'acheteur ne devient pas pour autant propriétaire mais a un droit de créance ;
- La mutation d'un bien immobilier ne peut se dérouler que par la voie de l'enregistrement.

Voulant abonder dans le sens contraire, le Professeur Vincent KANGULUMBA MBAMBI a fait état de quelques décisions de justice que nous reprenons[68] :

a) (Le droit de propriété du sol) n'est légalement établi que par un certificat d'enregistrement du titre reconnu ou concédé par la (Colonie) ;

b) L'article 264 du Code civil livre III ne trouve pas d'application en matière immobilière, mais l'accord des parties vaut vente, nonobstant le défaut de l'enregistrement, et donne à l'acheteur le droit de devenir propriétaire sur l'immeuble vendu et d'imposer au vendeur l'obligation de passer acte authentique et de transférer la propriété par l'enregistrement ;

68 KANGULUMBA MBAMBI V., « Deux questions… », *op. cit.*, p. 54.

c) La preuve de droit de propriété et des droits réels qui en découlent est exclusivement le certificat d'enregistrement. Ce mode de preuve par l'investiture officielle de l'enregistrement tend à assurer la sécurité juridique des biens immobiliers ainsi que le crédit foncier qui en découle et il a un caractère d'ordre public ;

d) La preuve du droit de propriété d'un immeuble n'est légalement établie que par un certificat d'enregistrement ;

e) En l'absence d'un contrat de location ou d'un certificat d'enregistrement, tout autre titre est inopérant pour établir ou transmettre un droit réel immobilier.

Il en résulte, conclut le Professeur KANGULUMBA MBAMBI, que le certificat d'enregistrement n'est qu'une preuve de l'existence ou de transfert des droits.

Observations

La lecture attentive des décisions alignées par le Professeur Vincent KANGULUMBA MBAMBI ne semble pas énerver notre démarche scientifique comme nous aurons à le démontrer dans les lignes qui suivent.

La décision reprise au point « b » appelle les commentaires énoncés ci-après :

- Quand bien même l'accord des parties vaut vente, cet accord n'est pas à même de transférer la propriété ;
- L'acheteur ne devenant pas propriétaire a quand même le droit à devenir propriétaire, comme le souligne cette décision ;
- La propriété ne pourra intervenir qu'à la suite de l'enregistrement.

S'agissant des décisions reprises aux points « a », « c » et « d », le certificat d'enregistrement est considéré comme la preuve par excellence de la propriété. Il faut, néanmoins, relever que cette affirmation n'enlève en rien au certificat d'enregistrement sa fonction de transfert de propriété en nous référant à la décision reprise au point « e » qui décide qu'excepté le contrat de location ou le certificat d'enregistrement, aucun autre titre ne peut transmettre un droit réel immobilier. Cependant, il y a lieu de relever que le contrat de location ne transfère pas la propriété mais, par contre, c'est une étape par laquelle on s'achemine pour acquérir la propriété ou la concession. En fin de compte, seul le certificat d'enregistrement consacre la propriété immobilière.

Avant de clore ce point, il apparaît impérieux de revenir sur les décisions judiciaires reprises au point « a » et « d » qui décident respectivement que « [le droit de propriété du sol] n'est légalement établi que par un certificat d'enregistrement du titre reconnu ou concédé par la [Colonie] » et « La preuve du droit de propriété d'un immeuble n'est légalement établie que par un certificat d'enregistrement ».

Commentant le concept « établir », le Professeur Vincent KANGULUMBA MBAMBI soutient :

« Pour revenir à l'article 219, en effet, que signifient "établir", "la propriété privée des immeubles… n'est légalement établie que par l'inscription"… "Elle peut être établie…" ?

Le dictionnaire Petit Larousse 2003, nous dit que "Établir : démontrer la réalité de ; en droit, nous dirions, prouver. Établir un fait, c'est prouver un fait". Donc, le certificat d'enregistrement tend à prouver. Mais que prouve-t-il ?

Or la logique veut que pour prouver un droit ou un fait, ceux-ci doivent préalablement exister. On ne peut pas prouver le néant.

Le "titre" quant à lui est tout acte ou écrit, authentique ou sous seing privé qui tend à prouver l'existence ou l'extinction d'un droit : une décharge, une reconnaissance de dette, une attestation de naissance, un acte de mariage… ou un certificat d'enregistrement.

En droit congolais, le certificat d'enregistrement remplit cette fonction de "preuve"… »[69].

Comme le dit le Larousse, il est vrai qu'« établir » c'est démontrer la réalité de, c'est prouver[70]. Mais ne faudrait-il pas se placer dans le contexte ayant prévalu lors de la rédaction de ces dispositions faisant mention du concept « établir » ?

Et suivant le système *Torrens*, une convention n'a pas pour effet de transférer la propriété mais par contre celui de créer une obligation, un droit de créance. Le bénéficiaire d'une convention n'en tire que le droit de créance sur l'aliénateur, le droit de devenir propriétaire.

En fait, seul l'enregistrement est à même d'opérer le transfert, seul l'enregistrement est à même d'établir la propriété. Et qui dit enregistrement dit l'établissement du certificat d'enregistrement. En d'autres termes, c'est le certificat d'enregistrement qui transfère et établit la propriété sans lui dénier le droit de prouver l'existence d'un droit.

De l'État indépendant du Congo à la République démocratique du Congo en passant par le Congo belge, le

---

69 KANGULUMBA MBAMBI V., « Deux questions… », *op. cit.*, pp. 51-52.

70 *Petit Larousse illustré*, Paris, Éditions Françaises, 1990, p. 390.

législateur congolais n'a pas modifié le système *Torrens* sur lequel est fondé le droit foncier et immobilier.

Les principales règles de l'*Act Torrens* ont été introduites en droit foncier et immobilier congolais et notamment celle relative à l'enregistrement. Comme a eu à le démontrer Alain STENMANS, le transfert de la propriété tout comme la consécration de la propriété immobilière résultent de l'enregistrement. C'est aussi le point de vue de Monsieur KENGO WA DONDO, alors Président du Conseil judiciaire et Procureur général de la République, point de vue qu'il a soutenu dans sa brillante mercuriale prononcée à l'audience solennelle de rentrée de la Cour suprême de Justice[71]. Il a conclu en ces termes :

« Ainsi donc, en dépit de certaines situations choquantes évoquées par certains auteurs et en dépit des clauses particulières du contrat de base, seul est translatif de droits immobiliers droits immobiliers d'après la loi de 1973, le certificat d'enregistrement régulièrement établi[72].

Les arguments militant à cette position sont notamment les articles 43, al. 1 et 2, et 48 du texte de la loi australienne sans oublier l'esprit même de l'Act Torrens. Par ailleurs, il y a lieu de souligner que le Conseil colonial exclut en droit congolais l'effet translatif des conventions immobilières.

Et pour démontrer que c'est le système Torrens qui doit prévaloir, le législateur de 1888 n'a-t-il pas décidé à l'article 660 du décret du 30 juillet 1888 que "les

---

71 KENGO WA DONDO, « De l'acquisition et de la transmission des droits immobiliers en droit zaïrois », Mercuriale prononcée à l'audience solennelle de rentrée de la Cour suprême de Justice en date du 6 octobre 1979, in *Bulletin des Arrêts de la Cour Suprême de Justice* : *Année 1979*, Kinshasa, Éditions du Service de Documentation et d'Études du Département de la Justice, 1984, pp. 373, 387, 388, 392-403, 416.

72 *Ibidem*, p. 416.

dispositions du présent livre ne sont applicables en matière de propriétés foncières que pour autant qu'elles ne sont pas contraires aux lois particulières sur le régime foncier". »

La position du Conseil colonial véhiculée par les écrits d'Alain STENMANS est toujours, sauf exception, suivie par les cours et tribunaux. Et il ne pouvait pas en être autrement dans la mesure où les principales dispositions légales en rapport avec la question relative à l'enregistrement n'ont pas changé, de sorte que leur commentaire ne peut nullement s'écarter de l'esprit et de la lettre du rapport du Conseil colonial qui jouait des rôles combien importants à l'époque coloniale notamment celui des commentaires des textes de lois.

En effet, le Conseil colonial, composé d'un président qui n'est d'autre que le ministre des Colonies et de quatorze conseillers dont huit nommés par le Roi, six choisis par les chambres législatives, en raison de trois par le Sénat et trois par la Chambre des représentants. En fait, ils sont élus par ces deux chambres au scrutin secret et à la majorité absolue. Ce Conseil délibère sur toutes les questions que lui soumet le Roi. Il donne son avis, sous forme de rapport motivé, sur le projet de décret. Le rapport du Conseil colonial et, éventuellement, le rapport du ministre des Colonies, sont publiés en même temps que le décret[73].

[73] LOUWERS O. et KUCK Ch., *Codes et lois du Congo belge : Textes annotés d'après les rapports du Conseil colonial, les instructions officielles et la jurisprudence des tribunaux*, M. Weissenbruch, Imprimeur du Roi, 1934, pp. 11, 20 et 21 ; LOUWERS O. et GRENADE I., *Codes et lois du Congo belge : Textes annotés d'après les rapports du Conseil colonial, les instructions officielles et la jurisprudence des tribunaux*, 3e édition, M. Weissenbruch, Imprimeur du Roi, 1927, pp. 20 et 21 ; LOUWERS O., *Codes et lois du Congo belge : Textes annotés d'après les rapports du Conseil colonial, les instructions officielles et la jurisprudence des tribunaux*, M. Weissenbruch, Imprimeur du Roi, 1914, pp. 39 et 46.

Au regard des personnalités scientifiques qui composaient ce Conseil, il y a lieu de prendre au sérieux les commentaires faits sur la question qui nous préoccupe et d'autant que, à quelques exceptions près, la loi n'a pas changé. À ce sujet, il y a lieu de comparer les articles, sur cette question, du Code civil, Livre II, et ceux de la loi foncière. Nous nous proposons de mettre en annexe de ce livre les principales dispositions intéressant cette question.

Avant de mettre un terme à ce point, nous nous proposons de reprendre les écrits de Baron LOCRÉ :

« Celui qui se bornerait aux exposés des motifs et à la discussion solennelle n'approfondirait pas assez sa matière – les exposés des motifs sont des résumés généraux très précieux, mais ils sont généraux, et dès lors insuffisants pour les personnes qui ne connaissent pas à fond la discussion qu'ils résument.

Il faut donc joindre la méditation des procès-verbaux à celle des exposés des motifs et de la discussion solennelle. C'est là qu'on retrouve les divers systèmes qui ont été proposés, les raisons qui ont fait préférer l'un à l'autre, les motifs de chaque disposition de détail, l'étendue qu'on a voulu admettre, les remèdes qui ont été indiqués pour lever les difficultés d'exécution, ces explications laconiques, ces traits de lumière qui, d'un mot dissipent les doutes et préviennent les procès ; enfin, tous ces détails que le Consul Cambacérès regardait comme si importants, c'est là qu'on rencontre la pensée du législateur.

On n'y entre bien, en effet, que lorsque, la saisissant à sa naissance, on la suit dans ses progrès, dans ses développements, dans ses diverses modifications qu'elle éprouve ; quand on pèse avec les autres auteurs de la loi, la raison de douter, la raison de décider, les objections et les réponses »[74].

Et le Professeur KALAMBAY LUMPUNGU de conclure : « De la loi foncière, qui a consulté les Travaux préparatoires, les comptes rendus analytiques, les Annales parlementaires pour en comprendre l'esprit du législateur » ?[75]

Ce législateur a instauré et maintenu le principe d'inattaquabilité du certificat d'enregistrement dont la portée a connu une évolution à travers les différentes législations que la République démocratique du Congo a connues dans le domaine de droit foncier et immobilier.

Section 3
Évolution du principe de l'inattaquabilité du certificat d'enregistrement

Liminaire – Valeur juridique du concept d'inattaquabilité du certificat d'enregistrement

Comme nous l'avons souligné, le système de l'*Act Torrens*, à savoir le principe d'inattaquabilité, a été institué par le législateur congolais en vue de sécuriser les transactions immobilières et foncières empêchant ainsi de mettre en péril la sécurité juridique.

Cependant, il y a lieu de relever que l'expression même « principe d'inattaquabilité » est sujette aux multiples

[74] KALAMBAY LUMPUNGU G., « La place de la loi foncière dans l'économie nationale », *Revue du Barreau de Kinshasa/Gombe*, n° 5, 2012, pp. 17-18.

[75] *Ibidem*, p. 18 et ss.

interprétations. Certains doctrinaires estiment qu'il s'agit bel et bien de l'inattaquabilité des droits constatés par le certificat d'enregistrement, pendant que d'autres pensent qu'il s'agirait de l'inattaquabilité du certificat d'enre-gistrement lui-même.

En effet, la première position est soutenue principalement par les Professeurs LUKOMBE NGHENDA[76], Vincent KANGULUMBA MBAMBI[77] et Jean-Pierre KIFWABALA TEKILAZAYA[78]. Pour ces doctrinaires, le principe d'inattaquabilité des droits constatés par le certificat d'enregistrement a pour soubassement l'article 227 de la loi foncière.

En outre, ils soutiennent que plusieurs décisions rendues par les cours et tribunaux invoquent l'inattaqua-bilité des droits dont l'existence est attestée par le certificat d'enregistrement[79]. En effet, à titre illustratif, il y a lieu de citer la décision de la Cour d'appel de Matadi qui a décidé en ces termes sous RCA 1254 : « Si les droits immobiliers constatés dans un certificat d'enregistrement sont inattaquables, le certificat lui-même est annulable s'il n'a pas été respecté une des conditions légales devant être observées. Lors de son établissement, notamment en cas d'inobservation du prescrit de l'article 234 de la loi n° 021 du 20 juillet 1973 qui décide que sauf le cas où la mutation ne peut être opérée par ordre de la justice et, ceux opérés après remise au conservateur du certificat remplacé ».

Se fondant sur la loi et la jurisprudence, le Professeur KIFWABALA soutient que le certificat d'enre-gistrement

---

76 LUKOMBE NGHENDA, *op. cit.*, p. 1030

77 KANGULUMBA MBAMBI V., *Précis de droit civil…*, *op. cit.*, *passim.*

78 KIFWABALA TEKILAZAYA J.-P., *op. cit.*, *passim.*

79 Matadi, O1.12.1994, RCA 1254/1242 ; Kin, 6 janvier 1995, RCA 17475, CSJ, RC 450 du 22 juin 1983, voir KIFWABALA, *op. cit.*, p. 431 ; CSJ, RC 104, 5 décembre 1979, voir KANGULUMBA, *op. cit.*, p. 464.

lui-même, en tant qu'instrument de constat des droits, n'est pas inattaquable sur base de l'article 227 car prétendre que le certificat d'enregistrement est inat-taquable en se fondant sur cette disposition, c'est étendre ce que le législateur a disposé pour le *negotium* à l'*instrumentum.* C'est dénaturer sa pensée[80].

La question importante qui doit être posée et qui va nous conduire tout droit vers la position que nous partageons, de ceux qui pensent que le principe d'inattaquabilité porte sur le certificat d'enregistrement, est celle de savoir quelle est réellement la pensée du législateur.

La pensée du législateur congolais quant au principe d'inattaquabilité ne peut nullement être dissociée du système *Torrens* car c'est de là que provient la *ratio legis* de ce principe.

La préoccupation majeure du système *Torrens* est entre autres de garantir la sécurité absolue en matière immobilière au bénéfice des parties et des tiers. En s'inspirant du système *Torrens,* le législateur congolais a voulu sécuriser les transactions immobilières. C'est à juste titre que le Professeur KANGULUMBA soutient : « En principe, le principe d'inattaquabilité empêche de revenir sur des choses déjà établies, et créer ainsi de l'insécurité juridique, alors que ce titre est supposé conférer justement la sécurité juridique. La seule action possible est celle en dommages et intérêts »[81].

C'est dans cette optique que le législateur congolais, dans son exposé des motifs de la loi n° 80-008 du 18 juillet 1980 modifiant et complétant la loi n° 73-021 du 20 juillet 1973 portant régime foncier et immobilier et régime des sûretés, a maintenu la règle de l'inattaquabilité du certificat

---

80 KIFWABALA TEKILAZAYA J.-P., *Droit civil, op. cit.*, p. 426.

81 KANGULUMBA MBAMBI V., *Précis de droit civil, op. cit.*, p. 468.

d'enregistrement, ***mais uniquement en faveur d'un titre établi dans des conditions licites ou après écoulement d'un délai de deux ans***.

La véritable pensée du législateur congolais quant au principe d'inattaquabilité est véhiculée par ce bout de phrase.

En effet, dans le souci d'éviter le danger d'éviction intempestive d'une part et de protéger les transactions tant foncières qu'immobilières d'autre part, le législateur a tenu à ce que le certificat d'enregistrement soit inattaquable pourvu qu'il soit établi dans des conditions licites à défaut que le délai de deux ans soit écoulé. Ces deux conditions ne sont pas cumulatives. Telle est la pensée réelle du législateur.

Cependant, à la lecture de l'article 227 de la loi foncière, cette disposition parle de l'inattaquabilité des droits. Cet article dispose : « Le certificat d'enregistrement fait pleine foi de la concession, des charges réelles et éventuellement, des droits de propriété qui y sont constatés. Ces droits sont inattaquables et les actions dirigées contre eux ne peuvent être qu'en dommages-intérêts ». L'alinéa 3 de cet article décide quant à lui : « Toutefois, les causes de résolution ou de nullité du contrat ou de l'acte, l'erreur de l'ordonnance d'investiture donnent dans les deux années depuis la mutation, ouverture à une action en rétrocession, avec dommages-intérêts s'il y a lieu ».

Il y a lieu de constater que cet article ne renferme pas la pensée du législateur. Suivre à l'aveuglette cette disposition légale, c'est abattre le système sur lequel est assis ce principe d'inattaquabilité. C'est en fait insécuriser les transactions immobilières et foncières, c'est permettre l'éviction intempestive, c'est déstabiliser les opérateurs immobiliers dans leurs affaires.

C'est pour cette raison, estimons-nous, que les cours et tribunaux privilégient l'expression « inattaquabilité du certificat d'enregistrement »[82]. L'une des missions des cours et tribunaux étant entre autres de faire évoluer le droit, ils sont appelés, dans le cas d'espèce, à tenir compte de la pensée du législateur pour ne pas faire s'écrouler tout un système juridique.

En fait est-il possible de conserver l'eau se trouvant dans un verre si celui-ci est cassé ? La réponse positive proviendrait d'un miracle. De même, est-il concevable de maintenir les droits constatés par un certificat d'enregistrement une fois que ce titre est annulé ? Le verre représente le titre et l'eau les droits. L'annulation du certificat a une influence sur les droits qu'il constate.

Abondant dans ce sens, le Professeur KIFWABALA relève que le non-respect de ces règles aurait pour effet d'entacher le certificat des irrégularités et aura une incidence à la fois sur le certificat lui-même et sur les droits dont il consacre l'existence[83]. De son côté, le Professeur KANGULUMBA soutient : « Nous convenons qu'il est aussi, en apparence, paradoxal de dire que le certificat est attaquable alors que les droits qu'il constate ne le seraient pas »[84].

De ce qui précède, contrairement à la position de Monsieur KENGO WA DONDO qui pense que le concept d'inattaquabilité du certificat d'enregistrement résulte d'une

82 CA Lubumbashi, RCA 7751, 17 décembre 1999, voir KIFWABALA, *op. cit.*, pp. 429-430 ; CSJ, RC 104, 5 décembre 1979, voir KANGULUMBA MBAMBI V., *op. cit.*, p. 468 ; CSJ, Arrêt R.C.R/ C.004, Kinshasa, 20 octobre 1989, RCA 12005, Kinshasa, 11 août 1988, RCA 13355, CSJ, 8 août 1979, CSJ, 25 avril 1990, voir FATAKI WA LUHINDI D. A., *Les limites du principe d'inattaquabilité*, *op. cit.*, pp. 57-64.

83 KIFWABALA TEKILAZAYA J.-P., *Droit civil…*, *op. cit.*, p. 426.

84 KANGULUMBA MBAMBI V., *Précis de droit civil…*, *op. cit.*, p. 468.

négligence de la part des interprètes de la loi[85], nous estimons que c'est par erreur ou précipitation que le législateur de 1980 a omis de parler de l'inattaquabilité du certificat d'enregistrement. Cet oubli doit être réparé par le biais d'une réforme de la loi foncière, afin de garder intacte la pensée du législateur.

Cependant, en attendant et pour ne pas ébranler le système Torrens, il est fait application du principe d'inattaquabilité du certificat d'enregistrement par la Cour suprême de Justice et la doctrine. C'est ainsi que DIBUNDA relève qu'en droit positif congolais, le concept possède à la fois une valeur doctrinale et une valeur jurisprudentielle[86].

Après avoir donné notre position sur la controverse doctrinale sur l'inattaquabilité du certificat d'enregistrement ou des droits qu'il renferme, le moment est venu pour analyser le parcours qu'a connu ce principe d'inatta-quabilité à travers la législation congolaise.

§ 1. Évolution du principe d'inattaquabilité du certificat d'enregistrement sous le décret du 6 février 1920 et la loi du 20 juillet 1973

Si nous avons préféré analyser le décret du 6 février 1920 et la loi du 20 juillet 1973 sous un seul et même titre, c'est en raison de leurs ressemblances quant aux principales règles issues de l'*Act Torrens* et spécialement celle relative au principe d'inattaquabilité des droits certifiés. Le contenu de ce principe est véhiculé par l'article 227 de la loi foncière du 20 juillet 1973 qui, à son tour, est atténué par l'article 232 de la loi de 1973.

---

85 KENGO WA DONDO, cité par KIFWABALA TEKILAZAYA J.-P., *op. cit.*, p. 425.

86 DIBUNDA, « Portée exacte du caractère… », *op. cit.*, p. 6.

A. Principe

L'article 227 (l'équivalent de l'article 44 du décret du 6 février 1920) est libellé comme suit : « Le certificat d'enregistrement fait pleine foi de la concession, des charges réelles et éventuellement, des droits de propriété qui y sont spécifiés ».

« Les droits tels qu'ils y sont constatés sont inattaquables même si le certificat a été dressé en vertu d'un contrat d'aliénation résoluble ou entaché de nullité, ou d'une ordonnance d'investiture obtenue par surprise. Sauf le cas prévu à l'article 232 (l'équivalent de l'article 49 du décret du 6/2/1920), les causes de résolutions ou nullité de contrat ou l'erreur de l'ordonnance ne donnent ouverture qu'à des actions personnelles en dommages-intérêts ».

La justification de cet article est issue de l'extrait du rapport du Conseil colonial, dont la teneur est la suivante : « La disposition du second alinéa de l'article 44, que nous avons énoncée dans les observations préliminaires, tend à donner au droit de propriété une assise inébranlable, en dissociant pour toujours le contrat générateur de l'obligation de transférer la propriété par l'intervention du conservateur des titres fonciers. La transmission réalisée dans la forme prescrite reste indépendante du contrat en vertu duquel elle a lieu, les causes de résolution ou de nullité de ce contrat ne pourront réagir contre les tiers acquéreurs ou créanciers hypothécaires ; elles ne sauront donner lieu qu'à des actions personnelles en dommages-intérêts ».

B. Exception

Tout en décrétant une force probante absolue attachée au certificat d'enregistrement, l'article 44 *in fine* prévoit en l'article 49 la seule exception qui en tempère la rigueur : « Par exception à l'article 44, tant que la propriété de l'immeuble est intacte sur la tête de l'acquéreur, les causes de résolution ou d'annulation de l'aliénation qui a été consentie donnent ouverture, pour l'aliénateur à une action en rétrocession de l'immeuble avec dommages-intérêts, s'il y a lieu ».

D'après le rapport du conseil colonial : « Le principe du second alinéa de l'article 44 s'ouvre un tempérament notable : ce tempérament annonce par le texte lui-même, est organisé par l'article 49. Tant que l'intérêt de l'acquéreur (ou de ses successeurs universels qui se confondent avec lui) est seul en cause aussi longtemps que l'acquéreur n'a ni aliéné à des successeurs particuliers ni constitué des charges réelles ; l'aliénateur est admis à faire valoir les causes de résolution ou d'annulation du contrat d'aliénation, pour réclamer un jugement de condamnation à rétrocession… »

L'action en rétrocession organisée par cet article n'est réservée qu'à l'aliénateur. Il s'agit du propriétaire du bien immobilier ou foncier, soit de l'emphytéote soit de superficiaire qui ont un véritable droit de propriété sur leurs produits et leurs constructions. Mais elle est refusée à l'héritier véritable contre l'héritier apparent qui aurait obtenu indûment un certificat d'enregistrement sur base d'une ordonnance d'investiture, obtenue par surprise. Il n'aura droit qu'aux dommages-intérêts[87].

C. Commentaire

Le système conçu par le législateur à travers les articles susmentionnés visait la protection non pas de l'acquéreur mais bien au contraire du tiers acquéreur. En effet,

87 TSHILOMBO MUNYENGAYI, *op. cit.*, p. 54.

l'article 232 permettait à l'aliénateur d'introduire une action en rétrocession contre l'acquéreur aussi longtemps que la propriété de l'immeuble était encore intacte sur la tête de celui-ci. Cette action réelle pouvait être introduite aussi longtemps que l'acquéreur n'avait pas aliéné à ses successeurs particuliers ou constitué des charges réelles sur le droit acquis.

En effet, une fois que le bien se retrouvait dans le patrimoine de tiers acquéreur, il ne pouvait plus être rétrocédé, quelles que soient les causes de résolution ou d'annulation qui avaient prévalu à l'occasion de la transmission de ce bien. L'article 232 reconnaissait, néanmoins, à l'aliénateur la possibilité d'introduire une action personnelle en dommages-intérêts.

Nous venons de remarquer que ce système ne protégeait nullement l'aliénateur moins encore l'acquéreur. C'est ainsi que le législateur mettra sur pied la loi de 1980 en vue de réviser celle de 1973. Avant d'aborder l'examen de la loi du 18 juillet 1980, qu'il nous soit permis d'élucider, à la lumière de la doctrine, l'expression « encore intacte sur la tête de l'acquéreur ».

En effet, cette expression a soulevé une controverse doctrinale, qui se trouve mieux rendue par les Professeurs DIKETE et KALAMBAY. Pour le premier, cette expression recouvre trois situations :

- soit l'acquéreur n'a pas encore vendu l'immeuble. Ainsi, tant qu'un certificat d'enregistrement n'est pas encore établi au profit du tiers acquéreur, la propriété reste intacte sur la tête de l'acquéreur ;
- soit l'acquéreur n'a pas encore constitué des droits réels démembrés sur l'immeuble au profit des tiers. S'il n'a consenti qu'un bail aux tiers même de neuf ans, la

propriété demeure encore intacte sur sa tête, car le bail est un droit personnel et non un droit réel ;
- soit l'acquéreur n'a pas encore fait des modifications matérielles substantielles pouvant modifier son droit.

Le second ne retient que les deux premières situations, tout en rejetant la dernière. Chacune des deux thèses a raison, suite à deux logiques différentes.

Ainsi, la seconde thèse en se référant sans doute au rapport du Conseil colonial : « Aussi longtemps que l'aliénateur n'a ni aliéné, ni constitué des charges réelles… » s'inscrit dans une logique de l'interprétation stricte littérale. Le premier cité, quant à lui, s'aligne sur une interprétation stricte logique en s'attachant à la *ratio legis* pour éviter « d'avoir une vue très courte de l'ambition du législateur, d'ouvrir la voie aux œuvres les plus sordides et favoriser les spéculations »[88].

Pour sa part, Monsieur JENTGEN, cherchant à expliciter l'exception pense que le principe de l'article 44 : « ne sort ses effets que si la propriété a été grevée d'un droit réel immobilier (créances, hypothèques, emphy-téoses, superficies, etc.). Tant que celle-ci (la propriété) n'a pas été démembrée, qu'elle est donc restée intacte sur la tête du propriétaire, les causes de nullité, de rescision ou de résolution gardent leur puissance. C'est ce que l'article 49 du Code civil Livre II auquel renvoie l'article 44 proclame… »

Dans son ensemble, la doctrine qui avait repris le point de vue du rapporteur du Conseil colonial a circonscrit et admis que l'action en rétrocession s'exerce non seulement lorsque l'acquéreur de la propriété ne l'avait pas grevée

[88] TSHILOMBO MUNYENGAYI, *op. cit.*, pp. 51-52.

d'aucun droit réel, mais aussi toutes les fois qu'il ne l'a pas aliéné à son tour.

Remarquons qu'en pareilles circonstances le législateur avait admis la recevabilité de l'action en rétrocession et non en nullité ou en résolution. En effet, la rétrocession n'est pas une annulation ou une résolution du droit. C'est une mutation en ce sens inverse de la première. Les anciens articles 49 et 232 avaient donc voulu dire que pour retourner dans le patrimoine de l'aliénateur, il faut que le droit de propriété lui soit retransmis par enregistrement[89].

Qu'en est-il de la portée du principe d'inattaquabilité du certificat d'enregistrement sous la loi du 18 juillet 1980 ?

§ 2. Évolution du principe d'inattaquabilité du certificat d'enregistrement sous la loi du 18 juillet 1980

L'article 1er, alinéa 1er, de la loi du 18 juillet 1980 pose le principe d'inattaquabilité en ce que « L'article 227 de la loi n° 73-021 du 20 juillet 1973 est modifié et complété comme suit : "le certificat d'enregistrement fait pleine foi de la concession, des charges réelles et éventuellement, des droits de propriété qui y sont constatés. Ces droits sont inattaquables et les actions dirigées contre eux ne peuvent être qu'en dommages-intérêts" ».

À ce principe d'inattaquabilité, l'article 1er, alinéa 3, de la même disposition prévoit une exception en ces termes : « Toutefois, les causes de résolution ou de nullité du contrat ou de l'acte, l'erreur de l'ordonnance d'investiture donnent dans les deux années depuis la mutation ouverture à une action en rétrocession, avec dommages-intérêts s'il y a lieu ».

[89] LUKOMBE NGHENDA, *Droit civil*, *op. cit.*, p. 1007.

La *ratio legis* des modifications apportées par le législateur de 1980 est justifiée en ces termes : « Bien qu'il soit souhaitable qu'à partir d'un certain moment, les droits fonciers et immobiliers reposent sur une assise inébranlable, ce souci ne peut aller jusqu'à consolider le fruit des vices ou des manœuvres frauduleuses.

Or, il a été observé que l'alinéa 2 de l'article 227 de la loi n° 73-021 du 20 juillet 1973 est à l'origine d'une interprétation qui considère le certificat d'enregistrement comme un voile pudique, couvrant toutes les indélicatesses commises en vue d'aboutir à son établissement. Telle ne peut être l'économie d'un texte légal : il serait dans ce cas immoral et contraire à l'ordre public.

L'article 1er de la présente loi entend mettre un terme à la situation équivoque ainsi créée. Il maintient la règle d'inattaquabilité du certificat d'enregistrement, mais uniquement en faveur d'un titre établi dans des conditions licites ou après l'écoulement d'un délai de deux ans… »[90].

Il découle de cet exposé de la loi que contrairement à la loi du 20 juillet 1973, le système issu de la loi du 18 juillet 1980 vise la protection de l'aliénateur contre l'acquéreur.

En effet, cette loi de 1980 permet à l'aliénateur d'introduire une action en rétrocession non seulement contre l'acquéreur mais également contre le sous-acquéreur. Cependant, l'inconvénient de cette loi porte sur cette action en rétrocession qui ne peut être envisageable que dans un délai de deux ans depuis la mutation, contrairement à la loi du 20 juillet 1973 qui reconnaissait à l'aliénateur la

[90] Exposé des motifs de la loi du 18 juillet 1980 modifiant et complétant la loi n° 73-021 du 20 juillet 1973 portant régime général des biens, régime foncier et immobilier et des sûretés, *in* Code foncier, immobilier et régime des sûretés, 47e année, numéro spécial, 5 avril 2006, p. 99.

possibilité d'introduire cette action en rétrocession aussi longtemps que l'immeuble était encore intact sur la tête de l'acquéreur.

Il appert donc de ce qui précède que le législateur prévoit au profit de tout intéressé une action réelle dans le délai de deux ans. Les deux années prévues par cette loi ne sont pas un délai de prescription, il s'agit d'un délai préfix, qui n'est soumis ni à l'interruption ni à la suspension.

Ainsi, l'action en rétrocession doit être exercée dans le délai de deux ans à partir de l'établissement du certificat d'enregistrement.

Section 4
Analyse de la jurisprudence sur l'inattaquabilité du certificat d'enregistrement

Cette section portera sur les décisions judiciaires rendues par les cours et tribunaux sur le principe d'inattaquabilité du certificat d'enregistrement en matière civile. À l'issue de cette analyse, nous nous rendrons compte que ce principe est scrupuleusement respecté par les cours et tribunaux congolais.

§ 1 Inattaquabilité du certificat d'enregistrement

Nous allons parcourir quelques décisions judiciaires qui ont été prononcées sur cette question tant par la Cour suprême de Justice (Cour de cassation) que par les juridictions de fond.

A. Cour suprême de Justice : Arrêt R.C.R/ C.004

1. Faits

Par arrêté départemental du 15 septembre 1977 pris par le Commissaire d'État aux affaires foncières, la parcelle n° 1825 fut déclarée abandonnée et fit retour au domaine privé de l'État. Sous le même couvert de sa lettre du 15 septembre 1977, ledit Commissaire d'État attribuera ladite parcelle abandonnée à dame KAM et invita le Conservateur des Titres Immobiliers à conclure avec l'attributaire un contrat de concession perpétuelle.

Par un autre arrêté départemental du 28 octobre 1977, le même Commissaire d'État déclare abandonnées cinq parcelles dont celle portant le numéro 1825 qu'il attribue au Sieur OTS ; par lettre portant la même date, le Conservateur des Titres Immobiliers fut invité à conclure un contrat de concession perpétuelle avec le nouveau bénéficiaire.

C'est ainsi que le 10 décembre 1977, la République du Zaïre, représentée par le Conservateur du Shaba, conclut avec sieur OTS un contrat de concession perpétuelle portant sur la parcelle litigieuse et un certificat fut établi en sa faveur. Ayant relevé que des nombreux arrêtés pris par le Commissaire d'État l'étaient en violation de la loi, le Président de la République autorise des poursuites à son encontre, lesquelles aboutiront à sa condamnation.

Le nouveau Commissaire d'État nommé pour succéder à celui-là prit un arrêté du 14 novembre 1978 abrogeant 377 arrêtés départementaux de son prédécesseur, dont le second arrêté en faveur de sieur OTS. Le nouvel arrêté a en outre décidé l'annulation des décisions d'attributions s'y rapportant par son article 2 qui enjoint au Conservateur des Titres Immobiliers d'annuler dans ses livres tous effets que les arrêtés abrogés ont pu produire. Il n'apparaît cependant pas au dossier que le Conservateur des Titres Immobiliers du Shaba a exécuté ces mesures réglementaires.

Le 19 août 1985, la République du Zaïre signa avec la dame KAM un contrat de concession perpétuelle portant sur la parcelle n° 1825 et délivra à la dame précitée un certificat d'enregistrement.

2. Extrait de l'arrêt de la Cour suprême de Justice

Un procès fut engagé entre Monsieur OTS et Madame KAM jusqu'au niveau de la Cour suprême de Justice qui finit par trancher le litige par son arrêt, dont la motivation ci-dessous :

« Quant au fond, la Cour suprême de Justice constate que la parcelle n° 1852 est couverte par deux certificats d'enregistrement, l'un pour l'intimé OTS et l'autre pour l'appelante KAM et que celui de l'intimé est plus ancien que celui de l'appelante. Elle constate également que malgré l'abrogation depuis 1978 de l'arrêté qui en était le support, le certificat que détient OTS n'a pas été annulé jusqu'à présent et qu'il n'a pas été attaqué en justice dans le délai de deux ans.

Or, aux termes de l'article 227 de la loi n° 73-021 du 20 juillet 1973 portant régime général des biens, régime foncier et immobilier et régime des sûretés telle que modifiée et complétée par la loi n° 80-008 du 18 juillet 1980 : le certificat d'enregistrement fait pleine foi de la concession des charges réelles et éventuellement, des droits de propriété qui y sont constatés et que ces droits sont inattaquables.

La Cour suprême de Justice considère qu'en signant le 19 août 1985 pour la République du Zaïre un contrat de concession perpétuelle avec l'appelante KAM et en établissant à la même date au profit de cette dernière un certificat d'enregistrement portant sur la parcelle n° 1825 couverte par un autre certificat d'enregistrement dressé depuis le 10 décembre 1977 et jamais annulé, le Conservateur des Titres Immobiliers du Shaba a violé la pleine foi qu'imposait le certificat d'enregistrement que détient l'intimé OTS ; il a ainsi violé l'article 227 précité ».

3. Notre appréciation

La décision de la Cour suprême de Justice telle que rendue et motivée nous paraît juste.

En effet, dans sa motivation, la Cour a fait allusion à la théorie de l'antériorité de l'acte. Le certificat d'enregistrement détenu par le sieur OTS, bien qu'ayant perdu son support à la suite de l'abrogation de l'arrêté qui avait occasionné son établissement n'a jamais été annulé. Et qui plus est, il avait été établi régulièrement par le Conservateur des Titres Immobiliers. À l'époque du litige qui avait opposé sieur OTS et Madame KAM, ce certificat avait déjà totalisé plus de deux ans d'existence. Ce qui le rendait inattaquable conformément à l'article 227 de la loi foncière. Le fait pour le Conservateur des Titres Immobiliers de dresser un nouveau certificat sans frapper d'un timbre d'annulation le premier est contraire à l'article 235 de la loi foncière. Celui-ci recommande au Conservateur des Titres Immobiliers d'annuler le premier certificat avant d'en dresser un nouveau.

Notre position est la même que celle du Professeur LUKOMBE qui, parlant de la distinction entre la nullité et la résolution, pense qu'en droit la nullité est une sanction assortie à certaines conditions telles que le défaut d'objet ou de cause licite et certains vices de consentement lors de la formation du contrat (articles 8 à 18 du Code civil congolais, livre III) tandis que la résolution est la sanction de l'inexécution fautive des obligations contractuelles (article 82 du même Code).

La nullité et la résolution se rejoignent sur le fait que l'une et l'autre, une fois établies ou constatées judiciairement, anéantissent rétroactivement le contrat, c'est-à-dire qu'elles remettent les parties contractantes dans l'état où elles étaient avant le contrat. Chacune des parties restitue ce qu'elle a reçu car, du néant, rien n'a pu sortir. Les patrimoines respectifs sont censés être restés intacts.

Cependant, et telle était la portée réelle du prescrit relevé ci-dessus des anciens articles 44 et 227, si la propriété immobilière, voire des droits réels immobiliers et ceux de concession autres que la propriété immobilière, ont été entre-temps enregistrés et que les contrats qui ont servi de cause à l'enregistrement aient été annulés ou résolus, l'enregistrement intervenu devait faire échec au principe de la rétroactivité. Ces droits réels enregistrés resteront acquis par leur titulaire, c'est-à-dire l'acquéreur, et que l'ancien titulaire, qu'il soit ou non bénéficiaire des jugements d'annulation ou de résolution, ne se verra pas restituer ceux-ci. Il n'a droit qu'à l'entreprise d'une action personnelle en dommages et intérêts ; et cela, sauf pour l'aliénateur, la possibilité d'entreprendre, à titre d'exception, l'action en rétrocession si les conditions légales de l'exercice étaient réunies.

La jurisprudence congolaise ne semble pas avoir rencontré une quelconque difficulté particulière en matière d'application de cet aspect des règles posées naguère et tour à tour par les anciens articles 44 et 227. C'est ainsi que, dans son arrêt du 4 juillet 1967, la Cour d'appel de Lubumbashi relevait qu'« attendu, certes, qu'il apparaît que la dépossession de l'actuel appelant est due à une interprétation erronée de l'ordonnance-loi du 7 juin 1966 dite "loi Bakajika" par le Gouverneur de l'ex-province du Katanga ; que cependant, il existe un certificat d'enregistrement au nom d'un tiers qui, en vertu de l'article 44 du Code civil, Livre II, fait pleine foi du droit de propriété de ce tiers et s'impose à la Cour, qui ne peut avoir égard aux circonstances dans lesquelles ce tiers est devenu propriétaire et des causes de résolution ou de nullité viciant le contrat d'aliénation »[91].

Eu égard à ce qui précède, nous pensons que c'est de bon droit que la Cour a rendu son arrêt en faveur du sieur OTS.

Contrairement à notre prise de position véhiculée dans la première édition de ce même ouvrage publié en 2004 condamnant le Conservateur des Titres Immobiliers pour n'avoir pas annulé le certificat d'enregistrement du sieur OTS comme l'exigeait le ministre des Affaires foncières par le biais de son arrêté du 14 novembre 1978, nous pensons, à la lumière de la loi et de la jurisprudence, que le Conservateur s'est bien assumé.

En effet, si le Conservateur annulait ce certificat d'enregistrement du sieur OTS il commettrait une faute. Signalons, en effet, que l'article 223, alinéas 2 et 3, retient la responsabilité du Conservateur des Titres Immobiliers en ces termes : « L'État est responsable des erreurs du Conservateur. Cette responsabilité ne peut excéder la valeur de la concession et des constructions et plantations à l'époque où l'erreur a été commise. Cette valeur est augmentée d'un cinquième. »

---

91 LUKOMBE NGHENDA, *op. cit.*, pp. 1005-1006.

Le Professeur KALAMBAY critique sévèrement cette disposition. En effet, il la considère comme la source de l'irresponsabilité caractérisée des Conservateurs des Titres Immobiliers. Pour obvier à cette situation, il propose que le Conservateur des Titres Immobiliers soit rendu entièrement responsable[92] des actes qu'il pose et en subisse les conséquences qui s'imposent. En outre, il assimile le Conservateur des Titres Immobiliers au Conservateur des hypothèques en droits français et belge qui est tenu, avant d'entrer en fonction, de fournir un cautionnement en immeubles pour la garantie des erreurs ou des omissions dont il est garant envers les particuliers.

Sans doute le Professeur souhaiterait que le Conservateur des Titres Immobiliers fournisse une garantie réelle avant d'entrer en fonction comme ses collègues français et belges.

En effet, la Cour suprême de Justice soutient dans son arrêt : « Dans sa 3e branche, le moyen est pris de la violation des articles 227 et 244 de la loi foncière en ce que le ministre des Affaires foncières a ordonné au Conservateur des Titres Immobiliers d'annuler tous les effets juridiques générés par l'arrêté n° 36/CAB/Min/AFF.F./2006 dont le certificat d'enregistrement de la demanderesse, alors qu'il n'en avait pas le pouvoir, les actes posés par ce fonctionnaire ne pouvant être attaqués, selon cette dernière disposition légale, que par voie d'assignation de celui-ci devant le tribunal de grande instance suivant les formes prévues au Code de procédure civile.

---

92 KALAMBAY LUMPUNGU G., « Nécessité d'une formation spéciale des conservateurs des titres immobiliers », *Annales de la Faculté de Droit*, vol. IV-VII.

En cette branche le moyen est fondé. En effet, le ministre des Affaires foncières a ordonné l'annulation des effets générés par l'arrêté n° 36/CAB/Min/AFF.F./2006 dont le certificat d'enregistrement de la demanderesse sans en avoir la compétence, puisque d'après l'article 244 de la loi foncière, les actes du Conservateur des Titres Immobiliers sont susceptibles de recours par voie d'assignation de ce fonctionnaire devant le Tribunal de Grande Instance dans les formes de la procédure civile.

En agissant ainsi, le ministre des Affaires foncières s'est arrogé le pouvoir reconnu aux cours et tribunaux et commis l'excès de pouvoir.

Par conséquent, son œuvre encourt annulation »[93].

De même, dans l'arrêt RA 176 du 27 août 1999, la Cour suprême de Justice a soutenu la même position en ces termes : « Ce moyen est fondé. En effet, l'ordonnance n° 74-152 du 2 juillet 1974 sur laquelle le commissaire d'État a basé l'arrêté entrepris a été abrogée par celle susdite du 2 février 1984 et aucun autre texte légal ou réglementaire en vigueur ne permet au Commissaire d'État aux Affaires foncières d'ordonner au Conservateur des Titres Immobiliers d'annuler un certificat d'enregistrement. Il y a dès lors lieu d'annuler l'arrêté entrepris »[94].

Le ministre des Affaires foncières ne peut pas annuler motu proprio le certificat d'enregistrement. C'est ce que nous pouvons lire dans l'arrêt de la Cour suprême de Justice qui

93 CSJ, RA 1012, 10 février 2010, Madame Annie MUNZALA DENBA c/ La RDC, inédit.

94 CSJ, RA 216, 11 avril 1990, Monsieur SHEMATSI WA BAHU c/ La RDC, in MUSHIGO-A-GAZANGA GINGOMBE R., *Le contentieux administratif dans le système juridique de République démocratique du Congo*, Louvain-la-Neuve, Academia-Bruylant, 2004, p. 217.

dit : « Ce moyen est fondé parce que le ministre des Affaires foncières n'est pas compétent pour annuler un certificat d'enregistrement, la compétence en la matière étant dévolue exclusivement au Conservateur des Titres Immobiliers, ainsi qu'il résulte de l'économie des articles 219 à 230 ainsi que de l'article 243 de la loi foncière. Dès lors, en annulant le certificat d'enregistrement des requérants, le ministre des Affaires foncières a commis un excès de pouvoir et l'acte entrepris encourt annulation »[95].

Cette position de la Cour suprême de Justice est partagée par le Professeur KANGULUMBA qui soutient : « S'agissant du ministre des Affaires foncières, il ne gère aucunement le domaine privé de l'État (allant, par exemple, jusqu'à signer des contrats de concessions ou les certificats d'enregistrement), il applique plutôt la politique de l'État en matière de lotissements, d'affectation et de distribution de terres. C'est donc uniquement dans ce cadre que certaines autorités, sous réserve de type de terres et de leur localisation, interviennent d'une façon ou d'une autre dans le processus de concession de terre sans avoir à se substituer au Conservateur des Titres Immobiliers[96]. »

B. Kinshasa, 20/10/1989, RCA 12005, Affaire OK. c/ NIS

Le timbre d'annulation d'un certificat d'enregistrement vanté aux articles 234 et 235 de la loi foncière n'est ni un timbre postal ni un timbre fiscal. C'est le sceau « ANNULE ». Les certificats d'enregistrement qui tota-lisent

[95] CSJ, RA 176, 27 août 1999, Madame KAYEMBE KABUNDA c/ La RDC et Monsieur KATENDE MUKINAY, in MUSHIGO-A-GAZANGA GINGOMBE R., *op. cit.*, pp. 257 et 258.

[96] KANGULUMBA MBAMBI V., *Précis de droit civil, op. cit.*, p. 330.

plus de deux ans d'existence sont inattaquables (article 227 de la loi foncière)[97].

C. Kinshasa, 11/08/1988, RCA 13355, Affaire ND c/ MA

Lorsqu'il s'est écoulé plus de deux ans depuis l'établissement d'un certificat d'enregistrement, les actions en rétrocession qui pouvaient trouver leur fondement sur les causes de résolution, de nullité ou d'erreur prévues à l'article 227 de la loi foncière sont prescrites, le certificat étant devenu inattaquable, ne laissant l'ouverture qu'à des actions en dommages-intérêts[98].

D. Cour suprême de Justice, 08/08/1979, Affaire MAY c/ MAL

Entraîne cassation d'office avec renvoi le moyen d'ordre public tiré de la violation de l'article 227 de la loi n° 73-021 portant régime général des biens, régime foncier et immobilier, régime des sûretés, en ce que l'arrêt entrepris a reconnu au défendeur les droits fonciers et litigieux et a annulé le certificat d'enregistrement délivré au demandeur, alors que ce titre fait pleine foi des droits de ce dernier rendu inattaquable par l'enregistrement[99].

E. Cour suprême de Justice, 25/04/1990, RC 1355

La Cour suprême de Justice a estimé que ne viole pas les articles 231, 204 et 205 de la loi foncière le juge qui, sachant que le certificat d'enregistrement n'était pas établi

[97] KATUALA KABA KASHALA J.-M., *op. cit.*, p. 7.
[98] *Ibidem.*
[99] *Ibidem*, p. 7.

conformément aux dispositions précitées, l'avait néanmoins dit inattaquable sur base de l'article 227 de la même loi[100].

Toutes ces décisions judiciaires démontrent à suffisance qu'en matière civile, le juge congolais respecte scrupuleusement le principe d'inattaquabilité du certificat d'enregistrement qualifié de sacro-saint en droit foncier et immobilier congolais.

Cependant, il y a lieu de déplorer la décision de la Cour d'appel de Kinshasa/Gombe qui est allée à contre-courant en annulant pour fraude, dans la cause sous RC 23645/23819, un certificat d'enregistrement ayant totalisé plus de deux ans d'existence en invoquant un argumentaire moins pertinent.

En effet, la motivation de la Cour d'appel est libellée en ces termes : « S'agissant enfin de l'annulation du certificat d'enregistrement Vol. A 275, Folio 8 du 14 décembre 1987, l'article 227 de la loi foncière consacre l'inattaquabilité du certificat d'enregistrement de plus de deux ans, mais uniquement lorsqu'il a été obtenu régulièrement ».

Or, dans l'espèce, la Cour relève que c'est grâce à la fraude orchestrée que l'intimée sur incident s'était fait délivrer le certificat d'enregistrement dont s'agit. En effet, aussi bien dans les faits que dans les jugements répressifs, l'intimée sur incident avait laissé croire qu'elle était en 1987 l'épouse légitime de l'appelant sur incident, qui lui avait valu d'obtenir indûment cession de la parcelle litigieuse, et de surcroît l'ensemble de ces manœuvres avaient eu pour effet d'induire en erreur le Conservateur des Titres Immobiliers, lequel, de bonne foi, lui avait établi et délivré le certificat d'enregistrement querellé. Or il est de principe que, pour être valide, tout document, même signé par une autorité à ce

[100] Cour suprême de Justice, 25 avril 1990, RC 1335, inédit.

investie, doit correctement rendre compte de la réalité et de la légalité qu'il renferme. Ce principe veut qu'en cas d'altération de la vérité, de fraude, le document visé cesse d'être authentique car la fraude corrompt tout.

Dans ce sens, il a été décidé par la Cour d'appel de Matadi : « Si les droits immobiliers constatés dans un certificat d'enregistrement sont inattaquables, le certificat en lui-même est annulable s'il n'a pas été respecté que des conditions légales devant être observées lors de son établissement notamment en cas d'inobservation du prescrit de l'article 234 de la loi n° 021-73 du 20 juillet 1973 qui décide que sauf le cas où la mutation ne peut être opérée par ordre de la Justice et ceux prévus par des Lois particulières, nulle mutation ne peut être opérée qu'après remise au Conservateur du certificat remplacé » (CA Matadi, 1er décembre 1994, RCA 1254/1242, in *Revue Justice et Paix*, n° 24, 1995, p.8).

Dans le même sens : « N'est pas prévue par l'article 227 de la loi foncière l'action en revendication, laquelle est intentée par le propriétaire du bien immobilier, c'est-à-dire par le détenteur d'un certificat d'enregistrement, contre un usurpateur qui s'est fait établir un certificat d'enregistrement sans aucun contrat d'aliénation, et aboutit à l'annulation du titre irrégulièrement obtenu, quel que soit son âge, même si, le délai préfixé (*sic*) de deux ans est dépassé, ainsi qu'à la confirmation du propriétaire dans ses droits » (Kin, 6 janvier 1995, RCA 17 475, in *Revue Justice et Paix*, n° 24, 1995, p. 9).

De même, la Cour suprême de Justice a déjà décidé que « viole les articles 227 et 231 de la Loi du 20 juillet 1973 portant régime général des biens (…) et sa décision encourt cassation totale avec renvoi ; le juge d'appel qui déclare inattaquable le certificat d'enregistrement obtenu irrégulièrement en cours d'instance, car un tel certificat n'aurait dû être établi qu'à la suite d'une décision judiciaire passée en force de la chose jugée » (CSJ, RC 450 du 22 juin 1983, Bull. À, Kin, 2001, p. 306) ou « n'applique pas et n'a pas eu à appliquer l'article 227 de la Loi n° 73-021 du 20 juillet 1973 portant régime général des biens, régime foncier et immobilier et régime des sûretés, telle que modifiée et complétée par la loi n° 80-008 du 18 juillet 1980, le juge pénal qui annule un Certificat d'enregistrement en tant que produit d'une infraction. Il ne viole pas par conséquent cette disposition légale » (CSJ, 30 avril 1991, R. P. 1451, *Rev. jur. du Zaïre*, n° 1 et 2, 1993, pp. 20-21).

Appuyant cette jurisprudence, la doctrine prend position en disant ceci : « Bien qu'il soit inattaquable qu'à partir d'un certain moment les droits fonciers et immobiliers reposent sur une assise inébranlable, ce souci ne peut aller jusqu'à consolider le fruit des vices ou de manœuvres frauduleuses » (exposé des motifs, JOZ, n° 15 du 1er août 1980, p. 3 de la Loi n° 80-008 du 18.07.1980 modifiant et complétant celle de 1973)… »

La Cour justifie sa position en s'appuyant principalement sur deux éléments :

1) La régularité du certificat d'enregistrement : dans sa motivation, la Cour relève que l'article 227 de la loi foncière consacre certes l'inattaquabilité du certificat d'enregistrement de plus de deux ans, mais uniquement lorsqu'il a été obtenu régulièrement.

De prime abord, il y a lieu de relever que la Cour n'a pas repris fidèlement le texte du législateur. En effet, dans son exposé des motifs de la loi n° 80-008 du 18 juillet 1980 modifiant et complétant la loi n° 73-021 du 20 juillet 1973 portant régime général des biens, régime foncier et immobilier et régime des sûretés, le législateur s'est exprimé de la manière suivante : « La présente loi entend mettre un terme à la situation équivoque ainsi créée. Elle maintient la règle de l'inattaquabilité du certificat d'enregistrement, mais uniquement en faveur d'un titre établi dans des conditions licites ***ou après écoulement d'un délai de deux ans*** ».

Dans son arrêt, la Cour a omis de reprendre le bout de phrase « ou après écoulement de deux ans », dénaturant ainsi la pensée du législateur. Au regard de cet exposé des motifs, le législateur pose deux conditions pour que le certificat d'enregistrement devienne inattaquable, notam-ment la régularité de l'acte ou l'écoulement de deux ans. Ces deux conditions sont alternatives. Dans le cas sous examen, il est indéniable qu'il s'agit d'un certificat d'enregistrement dont l'annulation a bel et bien plus de deux ans d'existence. En annulant un tel titre, la Cour est allée en l'encontre de la pensée du législateur.

2) L'annulation d'un certificat d'enregistrement par le juge pénal comme produit d'une infraction ne viole pas l'article 227 de la loi foncière.

De prime saut, il convient de rappeler que le juge pénal ne statue pas sur l'annulation du certificat d'en-registrement, tâche qui revient au juge civil. En cas d'existence d'un certificat d'enregistrement faux ou entaché de faux, le juge pénal procède à sa destruction, et ce, quel que soit l'âge du titre faux. Cette prérogative du juge pénal n'est pas reconnue au juge civil qui est astreint au respect du principe d'inattaquabilité.

En justifiant l'annulation de ce titre de propriété en se référant à un jugement pénal qui n'a aucun lien avec la cause sous examen, la Cour commet un amalgame regrettable, d'autant que les règles pénales en cette matière ne peuvent pas s'appliquer dans un litige civil qui est régi par ses propres principes. À ce sujet, nous recommandons au lecteur de se référer aux chapitres 2 et 3.

§ 2. Le principe d'inattaquabilité face à la pluralité des certificats d'enregistrement

A. RC 64920, TGI/GOMBE

1. Les faits

À la suite du contrat de vente passé entre sieur MUL et sieur MUY, celui-là est devenu propriétaire d'un terrain couvert par le certificat d'enregistrement dressé le 25 août 1977 après mise en valeur.

Le défendeur FUN a prétendu avoir acquis la même parcelle du même vendeur MUY et qu'un certificat d'enregistrement lui a été délivré le 25 mai 1995. Fort de ce document, il procédera à la vente de cette parcelle au Général EL.

Pour faire échec à cette vente, le demandeur sollicitera du Tribunal l'annulation du certificat établi en faveur du défendeur.

2. Extrait de la décision du tribunal

« De l'analyse des pièces qui reposent au dossier, il se dégage que le demandeur dispose d'un livret de logeur et d'un certificat d'enregistrement lui délivrés respectivement le 25 juin 1973 et le 25 août 1977.

L'article 227 de la loi foncière prévoit que le certificat fait foi de la concession, des charges réelles et éventuellement des droits de propriété qui y sont spécifiés.

Le certificat d'enregistrement du demandeur MUL n'ayant pas été annulé, le conservateur n'avait pas le droit d'en délivrer un autre au défendeur FUN, le titre délivré à ce dernier n'a aucune valeur et partant la vente opérée sur base de ce titre est sans effet, car faite par une personne sans qualité ».

3. Notre appréciation

En droit congolais, la propriété immobilière est reconnue, en principe, au seul détenteur du certificat d'enregistrement obtenu régulièrement, ce titre fait foi de la concession, des charges réelles et des droits de propriété qu'il constate.

Il se fait que nous sommes en présence de deux certificats d'enregistrement, l'un délivré au demandeur depuis le 25 août 1977 et l'autre délivré au défendeur en date du 25 mars 1995. Lequel de deux titres doit prévaloir ? Pour le Tribunal de Grande Instance de Kinshasa/Gombe, c'est le premier titre qui doit être privilégié du fait qu'il n'a jamais été annulé.

Outre cet élément, nous pouvons également évoquer le principe général de droit « *prior tempore potior jure* » qui signifie « premier en date, préférable en droit ». Les droits du premier dans le temps l'emportent. Premier en date en cas de pluralité de certificats d'enregistrement portant sur le même fonds ou immeuble, l'on retient celui qui est premier en date, pourvu qu'on détienne un certificat ou un titre régulier[101].

Ce principe a été appliqué par la Cour suprême de Justice dans ses arrêts respectivement en date du 16 avril 1980 sous RC 349 et du 8 mai 1998 sous RC 1630. Le même principe a également été évoqué par la Cour d'appel de Kinshasa/Gombe dans son arrêt du 22 janvier 1990 sous RCA 19521[102].

Dans une autre affaire sous RC 1630, la Cour suprême de Justice a, le 8 mai 1998, dit pour droit qu'a légalement motivé sa décision le juge d'appel qui, reconnaissant qu'il existe deux titres authentiques couvrant la même parcelle, en l'occurrence deux certificats d'enregistrement, fait un choix en faveur de celui détenu par le défendeur en cassation en fonction de l'antériorité et de la régularité de la procédure suivie pour son obtention. En fait, lorsque les parties disposent des titres authentiques, le principe d'antériorité dans l'acquisition desdits titres permet au tribunal de départager les prétendants[103].

Nous pensons que, au regard de ce principe général de droit, de la jurisprudence relevée précédemment et des prescrits de la loi évoqués dans le présent paragraphe, la motivation du tribunal est fondée. En effet, le second certificat ne devrait être délivré qu'après l'annulation du premier. Nous pouvons lire à cet effet l'article 235 de la loi foncière qui dispose : « sauf les cas où la mutation est

101 FATAKI WA LUHINDI D. A., *Adages à l'usage du prétoire et du politique*, Kinshasa, Batena Ntambua, 2008, p. 96 ; FATAKI WA LUHINDI D. A., *Les adages à travers les arrêts de la Cour suprême de Justice*, Kinshasa, Éditions du Service de Documentation et d'Études du ministère de la Justice et Droits humains, juillet 2012, pp. 94-97.

102 KANGULUMBA MBAMBI V., *Précis de droit civil…*, *op. cit.*, p. 246.

103 *Ibidem*, p. 513.

ordonnée par justice et ceux prévus par des lois particulières, nulle mutation ne peut être opérée qu'après remise au conservateur du certificat à remplacer.

« Dans tous les cas de mutation, l'ancien certificat inscrit au livre d'enregistrement est frappé d'un timbre d'annulation et indiquant dans la forme établie par l'article 226, les motifs de l'annulation ainsi que la date et le numéro du nouveau certificat ».

Il se dégage des dispositions de cet article que le Conservateur des Titres Immobiliers a établi le second certificat au mépris dudit article.

Poursuivant son argumentation, le Tribunal a évoqué l'article 276 du Code civil congolais, livre III, qui stipule que « la vente de la chose d'autrui est nulle ». Cette argumentation est valable. Dans le même ordre d'idées, nous pouvons signaler que le Code pénal, livre II, punit le stellionat à son article 96.

B. RCA 1254/1242, CA/MATADI, 01/12/1994, Affaire Sté c/M & RC

L'inattaquabilité du certificat d'enregistrement ne peut être admise lorsqu'elle fait coexister deux droits au profit de deux titulaires différents, détenteurs chacun d'un certificat sur le même bien. Si les droits immobiliers constatés dans un certificat d'enregistrement sont inattaquables, le certificat lui-même est annulable s'il n'a pas été respecté une des conditions légales devant être observées lors de son établissement, notamment en cas d'inobservation du prescrit de l'article 234 de la loi n° 021 du 20 juillet 1973 qui décide que « sauf le cas où la mutation est opérée par ordre de droit et ceux prévus par des lois particulières, nulle mutation ne peut être opérée qu'après remise au Conservateur de certificat à remplacer »[104].

En cas de deux certificats d'enregistrement portant sur le même bien et ayant totalisé plus de deux ans d'existence, il est certain que l'un des deux doit être irrégulier. Et, dans ce cas, il serait insensé d'évoquer le principe d'inattaquabilité au profit d'un tel certificat d'enregistrement. Ce principe ne serait pas de mise.

La jurisprudence congolaise est allée plus loin en décidant que « le certificat d'enregistrement n'offre aucune garantie quant à la légitimité du droit réel immobilier auquel il donne l'existence et dont la suppression peut être poursuivie dès l'instant où la situation juridique légalement établie par le certificat apparaît différente de celle qu'il aurait dû ou qu'il devrait désormais établir »[105].

Bien qu'absolu en droit civil, nous allons démontrer dans le chapitre suivant que le principe d'inattaquabilité du certificat d'enregistrement peut être mis à mal dans certains cas, dont la sanction est sans nul doute l'annulation du certificat d'enregistrement vieux de plus de deux ans.

---

104 *Revue juridique zaïroise*, n° 1, 2 et 3, 1995, p. 60.

105 KALAMBAY LUMPUNGU G., « Protection jurisprudentielle des droits de l'homme en matière immobilière : cas des parties détentrices chacune d'un certificat d'enregistrement légalement inattaquable », *Revue de la Faculté de Droit*, Université Protestante au Congo, 2e année n° 1, Kinshasa, CEDI, 1999, p. 275.

CHAPITRE II

LES EXCEPTIONS AU PRINCIPE D'INATTAQUABILITÉ DU CERTIFICAT D'ENREGISTREMENT EN DROIT CIVIL

Ce chapitre comprend l'examen de trois sections, à savoir la limite du principe d'inattaquabilité du certificat d'enregistrement face aux biens du domaine public (Section 1), le certificat d'enregistrement délivré avant 1973 face au principe d'inattaquabilité (Section 2), le certificat dépourvu de cause d'enregistrement (section 3).

Section 1
La limite du principe de l'inattaquabilité du certificat d'enregistrement face aux biens du domaine public

État de la question

Le domaine de l'État est constitué de deux catégories de biens, à savoir les biens du domaine public et ceux du domaine privé. Les premiers sont destinés principalement aux besoins ou aux usages du public ou encore au bénéfice d'un service public, tandis que les seconds sont administrés privativement, de manière à leur faire produire des revenus.

Compte tenu de la mission confiée aux biens du domaine public, la loi foncière, en ses articles 10, 53 et 55, les place hors commerce et les déclare à la fois inaliénables, inconcessibles, imprescriptibles, sans doute en vue de les faire échapper à toute tentative de spoliation et toute espèce d'appropriation privée.

Il se trouve curieusement que ces biens de domaine public font l'objet de vente par l'administration et plus particulièrement par les services des titres fonciers et immobiliers qui délivrent, à l'occasion, aux particuliers des titres de propriété, en l'occurrence les certificats d'enregistrement.

Les bénéficiaires de ces titres de propriété estiment qu'ils ne peuvent nullement être évincés dans leur droit dès lors que leurs titres auront totalisé deux ans d'existence conformément à l'article 227 de la loi foncière.

Cependant, il apparaît que la même loi en ses articles 10, 53 et 55 protège des biens faisant partie du domaine public. En effet, l'article 10 dispose : « Les biens de l'État qui sont affectés à un usage ou à un service public sont hors commerce, tant qu'ils ne sont pas régulièrement désaffectés ». Pour sa part, l'article 53 dispose que « le sol est la propriété exclusive, inaliénable et imprescriptible de l'État ». Abondant dans le même ordre d'idées, l'article 55 aux alinéas 1 et 2 précise que « le domaine foncier public de l'État est constitué de toutes les terres qui sont affectées à un usage ou à un service public. Ces terres sont désaffectées ». Ces articles de la loi foncière sont renforcés par l'article 620 du Code civil congolais, livre III, qui décide qu'« on ne peut prescrire le domaine des choses qui ne sont point dans le commerce ».

Il ressort clairement de la lecture de ces diverses dispositions qu'un conflit existe entre les intérêts d'ordre privé et ceux d'ordre public provenant de l'incompatibilité entre ces différents articles.

Il y a donc lieu de se poser la question de savoir si le principe d'inattaquabilité du certificat d'enregistrement sera de stricte application quand bien même le titre de propriété, en l'occurrence le certificat d'enregistrement, couvrirait un bien relevant du domaine public de l'État.

Pour répondre à cette interrogation, il nous semble opportun de présenter dans un premier temps un bref aperçu des généralités concernant le domaine public (§ 1). Dans un second temps, nous examinerons le régime juridique du domaine public (§ 2), au cours duquel nous analyserons un cas jurisprudentiel qui nous permettra de nous prononcer sur la question qui vient d'être posée. Nous examinerons enfin ce qui relatif à l'usage du domaine public (§ 3).

§ 1. Généralités sur le domaine public

Ce premier paragraphe nous permet avant tout de circonscrire et de dégager le sens et le fondement de l'expression « domaine public » (A), ce qui nous habilitera à classer les biens qui composent ce domaine et les personnes qui en sont bénéficiaires (B). Nous examinerons également les mécanismes par lesquels ces biens entrent et sortent du domaine public (C) et clôturerons par une distinction entre le domaine public et le domaine privé (D).

A. Définition et fondement

1. Définition

Il n'existe nulle part dans notre législation foncière une définition légale de la domanialité publique. Les diverses définitions rencontrées sont l'œuvre de la jurisprudence et de la doctrine.

Avant de proposer notre définition de la domanialité publique, nous jugeons intéressant de donner celle de la Cour de cassation belge qui définit le domaine public comme étant les biens réellement affectés à l'usage ou à la protection de tous[106].

Pour leur part, Raymond GUILLIEN et Jean VINCENT définissent le domaine public en ces termes : « Partie du patrimoine des collectivités publiques qui, soit parce qu'elle est laissée à la disposition du public, soit parce qu'elle est affectée à un service public auquel elle est spécifiquement adaptée par sa nature ou par un aménagement spécial, est soumise à un régime juridique et contentieux de droit administratif. Le domaine public est inaliénable »[107].

En des termes simples, nous pensons définir le domaine public comme étant l'ensemble des biens corporels et incorporels, mobiliers et immobiliers qui ont reçu une destination, affectation à l'usage de tous, à celui d'un service public et soumis non seulement à un régime juridique et contentieux de droit administratif mais également à un double principe d'inaliénabilité et d'imprescriptibilité.

Ainsi circonscrit, nous pouvons à présent dégager le fondement de ce concept de domanialité publique.

2. Fondement

Sous l'Ancien Régime français, le domaine de la couronne avait été soumis par l'ordonnance de Moulins de 1566 à la règle de l'inaliénabilité. Cette institution qui revêtait, comme on l'a dit, un véritable caractère

---

106 DE PAGE H., *op. cit.*, p. 680.

107 GUILLIEN R. et VINCENT J., *Lexique de termes juridiques*, Paris, Dalloz, 1998, p. 484.

« constitutionnel » avait pour but d'empêcher le Roi de dilapider son domaine[108].

Ce souci de protection des biens de domaine public les soustrayant à toute espèce d'appropriation privée est toujours de mise. En effet, notre législation place ces biens hors du commerce, elle les déclare à la fois inaliénables et imprescriptibles.

Par ailleurs, elle fait obstacle à ce que les personnes publiques soient dépossédées, à leur insu, de certaines dépendances de leur domaine public, et les protège contre leur propre négligence. Ces biens protégés proviennent de diverses origines et appartiennent aux différentes personnes morales, comme nous aurons à le relever.

B. Répartition des biens de domaine

L'article 10 de la loi foncière relève que les biens de l'État qui sont affectés à un usage ou à un service public sont hors commerce, tant qu'ils ne sont pas régulièrement désaffectés. Il convient de rechercher la signification du concept « État » repris par cet article. La clarification de ce concept nous permettra de connaître les différentes personnes qui bénéficient des biens dont parle l'article 10 précité.

À notre sens, le concept d'« État » renferme l'idée de l'État national, des entités territoriales personnalisées, des entreprises publiques et des établissements publics. Nous estimons, quant à nous, que seuls les biens de l'État national, des entités territoriales et des établissements publics font partie du domaine public ; par contre, les biens des entreprises publiques font partie du domaine privé de l'État et sont donc dans le commerce.

---

108 DE LAUBADÈRE A., *Traité de droit administratif*, Paris, Librairie Générale de Droit et de Jurisprudence, 1975, p. 168.

C. Constitution et sortie du domaine

1. Principes généraux

Les biens faisant partie du domaine public de l'État tirent leur origine soit de leur nature même des choses, ce sont les biens du domaine public naturel, tels les fleuves et rivières, les routes et voies de communication, soit des lois, soit de la procédure d'expropriation pour cause d'utilité publique.

D'autres biens sont acquis de la même manière que les biens des particuliers : par contrat à titre onéreux ou gratuit, succession, legs, prescription.

Par ailleurs, il est de règle qu'en cas d'annexion de territoire, toutes les parties du domaine appartenant à l'État évincé passent de plein droit au nouvel État souverain[109].

Parmi ces biens, certains peuvent faire partie du domaine public par une affectation à l'usage de tous ou à l'usage d'un service public. Il arrive aussi parfois que ces biens quittent ce domaine et redeviennent aliénables et prescriptibles par une désaffectation.

Il convient à présent d'envisager les formes de l'affectation et désaffectation que revêtent ces biens.

1. Formes de l'affectation

Le plus souvent, la forme d'affectation sera formelle et subordonnée à une décision expresse de l'autorité compétente. La décision par laquelle l'autorité décide de soumettre un bien à l'usage public s'appelle l'*affectation.* Pour matérialiser un cas d'affectation, nous reprenons l'exemple cité par le Professeur KANGULUMBA qui fait

109 *Répertoire pratique de droit belge*, tome IV, Bruxelles, Bruylant, 1950, p. 5.

état de la décision de construire le marché sur le terrain de GM Masina. Il relève qu'au départ ce terrain était concédé à cette entreprise pour l'assemblage et le montage des véhicules Opel et Isuzu[110].

L'affectation peut également être tacite. Ainsi, la domanialité publique des rivages de la mer ainsi que celle des fleuves et rivières navigables résultent de la nature de l'usage de tous. Ils le sont par nature. Si, toutefois, un acte d'affectation intervenait, il ne pourrait qu'avoir un effet déclaratif et ne serait pas cause efficiente de l'incorporation de ces biens dans le domaine public[111].

2. Formes de la désaffectation

Elles sont de deux sortes : expresse ou tacite. Elle est expresse quand elle est le résultat d'une décision de l'autorité compétente : par exemple, la désaffectation d'un cimetière. Elle est tacite lorsque la désaffectation résulte d'une cause ou d'un événement naturels. Il convient de souligner que ce type de désaffectation n'est pas d'application en droit congolais, où il est affirmé que les biens (entendre du domaine public) ne rentrent pas dans le domaine privé par la simple cessation de l'usage ou du service public ; une décision expresse ou implicite de l'autorité compétente sera toujours nécessaire pour cela[112].

Cette position est partagée par le Professeur André BUTTGENBACH en ces termes : « Il nous paraît cependant que lorsqu'un bien a été affecté à l'usage du public par une décision expresse de l'administration, il ne peut être

---

110 KANGULUMBA MBAMBI V., *op.cit.*, p. 51.

111 BUTTGENBACH A., *Manuel de droit administratif : théorie générale du droit administratif belge*, 1re Partie, Bruxelles, Larcier, 1996, pp. 377-378.

112 PIRON P. et DEVOS J., *Codes et lois du Congo belge*, tome 1, Bruxelles, Larcier, 1960, p. 7.

désaffecté que par une décision contraire, car le fait ne peut prévaloir contre le droit »[113]. La théorie de l'acte contraire issue du principe du parallélisme des formes et des compétences y apporte sa caution.

Au regard de la gestion calamiteuse des biens du domaine public de l'État congolais, nous estimons que cette position du droit congolais soutenu par la doctrine et le Conseil colonial doit être maintenue car elle est protectrice des intérêts de l'État.

En l'absence d'une décision régulière de désaffectation, un bien du domaine public de l'État est censé toujours demeurer du domaine public. C'est le cas d'une partie du parc de la N'Sele dénommée « parc Président MOBUTU », qui fait l'objet d'une appropriation privée dénoncée en son temps par l'Institut congolais pour la conservation de la nature.

En effet, par sa lettre du 21 octobre 2003, adressée au ministre des Affaires foncières, l'administrateur délégué général de l'Institut congolais pour la conservation de la nature dénonce l'octroi par les services des affaires foncières des titres parcellaires aux particuliers couvrant une partie de la concession du parc de la N'Sele créée par l'ordonnance n° 83/110 du 3 mai 1983, alors qu'il n'existe aucun acte, aucune décision de désaffectation. L'Administrateur délégué général de l'Institut congolais pour la conservation de la nature conclut en sollicitant l'évacuation des occupants irréguliers et l'annulation de leurs titres de propriété.

La réponse du ministre des Affaires foncières ne s'est pas fait attendre. En effet, le ministre demandera au Conservateur des Titres Immobiliers de vérifier la situation sur le terrain, notamment en cherchant de savoir s'il existe un

---

113 BUTTGENBACH A., *op. cit.*, p. 379.

arrêté désaffectant une partie du domaine et un autre subséquent y créant éventuellement un lotissement.

La démarche entreprise par le ministre des Affaires foncières tendant à trouver un remède au cas lui soumis nous paraît inappropriée.

Il ressort des informations en notre possession que certaines personnes qui occupent une partie du parc de la N'Sele détiennent des arrêtés ministériels leur accordant le droit d'occuper cette partie. Est-ce pour autant que cette occupation est légale ? Est-ce que l'existence de ces arrêtés ministériels suppose qu'une partie du parc de la N'Sele a été désaffectée et lotie ?

Il nous semble qu'une réponse négative s'impose. En demandant au Conservateur des Titres Immobiliers de vérifier si une partie du parc de la N'Sele a été désaffectée, le ministre des Affaires foncières a péché contre le principe du parallélisme de forme et de compétence qui veut que l'abrogation ou la modification d'une loi au sens large soit prise par la même autorité sous la même forme.

Nous savons que le parc de la N'Sele a été créé par une ordonnance. À ce jour, il n'y a que le décret pris par le Président de la République qui peut soit abroger, soit modifier cette ordonnance et non un arrêté. Il va sans dire que le parc de la N'Sele continue à faire partie du domaine public de l'État et que tous ces arrêtés et titres de propriété ont été pris irrégulièrement et méritent annulation pure et simple.

Contrairement aux biens du domaine public, il n'y a que les biens du domaine privé de l'État qui peuvent être concédés aux particuliers. Pour éviter l'amalgame entre ces types des biens, il apparaît opportun de donner leur rapport.

D. Distinction du domaine public et du domaine privé

Le domaine de l'État est subdivisé en domaine privé et public, deux types de domaine qui se distinguent à plus d'un titre. En effet, alors que le domaine public est destiné principalement aux besoins ou aux usages directs du public, le domaine privé est administré privativement de manière à lui faire produire des revenus ; alors que le domaine public est du ressort du droit public et des lois administratives, le domaine privé est au contraire assujetti en principe aux règles du droit civil.

En outre, contrairement aux biens du domaine public, ceux du domaine privé restent dans le commerce, et sont prescriptibles et aliénables au même titre que les biens des particuliers, auxquels ils sont assimilés.

Enfin, étant hors commerce, les biens du domaine public ne peuvent être hypothéqués. Ils sont par nature insaisissables. Il en est autrement des biens du domaine privé. Ces biens sont susceptibles d'hypothèque et sont par nature saisissables.

Cette distinction nous paraît être le prélude du deuxième paragraphe portant sur le régime juridique du domaine public.

§ 2. Régime juridique du domaine public

Le régime juridique de la domanialité publique se dégage de l'article 10 de la loi foncière qui dispose que les biens de l'État qui sont affectés à un usage ou à un service public sont hors commerce, tant qu'ils ne sont pas régulièrement désaffectés. Ce principe de non-commercialité des biens du domaine public nous conduit à une double règle à laquelle est soumis le domaine public, à savoir la règle de l'*inaliénabilité* et de l'*imprescriptibilité* du domaine public. Ces deux règles feront l'objet de notre analyse tout au long de ce paragraphe.

A. Principe de l'inaliénabilité du domaine et ses conséquences

Le principe de l'inaliénabilité du domaine public suppose que les biens du domaine public ainsi que ses dépendances ne peuvent pas être cédés à des tiers aussi longtemps qu'ils n'auront pas fait l'objet de désaffectation. Compris dans ce sens, ce principe a des conséquences énoncées ci-après :

1. Nullité des ventes et des échanges

La méconnaissance du principe de l'inaliénabilité a pour effet la nullité de la cession à l'égard de la personne publique propriétaire, ainsi que le reconnaissent la jurisprudence judiciaire et la juridiction administrative[114].

En effet, les aliénations sont prohibées et la vente d'un bien appartenant au domaine public est inexistante pour défaut d'objet licite. L'administration peut donc à tout moment réclamer l'objet vendu, la prescription n'ayant pas joué au profit de l'acquéreur[115].

Il convient de souligner que le Tribunal de Bruxelles a abondé dans ce sens en décidant qu'il ne peut être disposé des biens du domaine public au profit des particuliers aussi longtemps qu'ils sont revêtus de ce caractère[116].

---

114 CHAPUS R., *Droit administratif général*, tome 2, Paris, Montchrestien, 1990, p. 315.

115 BUTTGENBACH A., *op. cit.*, p. 375.

116 *Répertoire pratique du droit belge*, tome 4, *op. cit.*, p. 29.

Néanmoins, une seule réserve doit être faite à ce principe : un acte de disposition entre personnes publiques et sans modification de l'affectation est parfaitement licite. Ainsi, l'État peut donner un musée à une ville ou à une province[117].

2. Cas d'application : CA BUKAVU, 5 septembre 2002, RCA 3319 Aff. ICCN c/ MUH

a) Faits

L'Institut congolais pour la conservation de la nature a attrait devant la Cour d'appel de Bukavu, Monsieur MUH pour obtenir l'annulation du certificat d'enregistrement n° FB.105 folio 19 du 29 juin 1995 délivré à ce dernier par le Conservateur des Titres Immobiliers.

Pour sa part, Monsieur MUH a également initié une action en déguerpissement devant la même cour contre l'Institut congolais pour la conservation de la nature.

En effet, l'Institut congolais pour la conservation de la nature soutient d'une part que la concession attribuée à Monsieur MUH fait partie du domaine public de l'État et est partant inaliénable, incessible et inconcessible sur base des articles 53 et 55 de la loi foncière, d'autre part que le certificat d'enregistrement Vol FB.105 folio 19 du 29 juin 1995 délivré à l'intimé dans le domaine sus-relevé a été établi sur base d'un contrat emphytéotique conclu par le Directeur de province sous prétexte que le Gouverneur de province était absent alors que ce dernier était présent dans la ville.

117 BUTTGENBACH A., *op. cit.*, p. 375.

b) Prétentions des parties

L'Institut congolais pour la conservation de la nature demande à la Cour non seulement de déclarer nuls pour cause de fraude le contrat d'emphytéose et le certificat d'enregistrement délivrés au profit de Monsieur MUH, mais également d'ordonner le déguerpissement de ce dernier.

En réplique, Monsieur MUH sollicite à la Cour l'irrecevabilité de l'action initiée par l'Institut congolais pour la conservation de la nature au motif d'une part que son certificat d'enregistrement est à ce jour inattaquable et d'autre part que l'Institut congolais pour la conservation de la nature n'a jamais prouvé ni offert de prouver que la partie querellée se trouve bel et bien dans la concession du domaine public de l'État.

c) Décision de la Cour

« ... La Cour constate par ailleurs que l'intimé MUH tente d'invoquer l'irrecevabilité de l'action originaire se fondant sur l'inattaquabilité de son certificat d'enregistrement. Il résulte clairement de la loi n° 73-021 du 20 juillet 1973 portant régime général des biens, régime foncier et immobilier et régime des sûretés telles que modifiées et complétées par la loi n° 80-008 du 18 juillet 1980 et de diverses correspondances des autorités politico-administratives que le Conservateur des Titres Immobiliers de Bukavu a dressé sans se conformer à la loi le certificat d'enregistrement vanté par l'intimé ;

Au regard des articles 53 et 55 de la loi foncière précitée, le Parc national de Kahuzi Biega fait partie du domaine public de l'État, partant étant inconcessible sans désaffectation régulière ; la loi précise que les terres faisant partie de domaine public de l'État sont régies par des dispositions particulières aux biens affectés à un usage ou à un service public.

La gestion de ces terres du domaine foncier de l'État est retirée au Conservateur, ne lui étant reconnue que la seule gestion du domaine foncier privé de l'État, fait relevant de la seule compétence de l'État, rendant nul et de nullité absolue tous les actes et titres irrégulièrement attribués à l'intimé.

C'est en vain que l'intimé tente de dire que ses titres sont vieux de deux ans depuis qu'il a acquis d'ailleurs par erreur, la concession… Il s'ensuit que ce moyen n'est pas fondé.

Pour ce qui est de la limite de la concession du parc, la Cour relève que l'appelant est détenteur des droits inaliénables tels que lui concédés d'une part par l'ordonnance n° 70/316 du 30 novembre 1970 portant création du Parc national de Kahuzi Biega et d'autre part par l'ordonnance-loi n° 75/238 du 22 juillet 1975 portant modification des limites du Parc national de Kahuzi Biega.

Par ailleurs, l'autorité provinciale par sa lettre n° 01/1444/CAB/GP-SK/99 du 7 octobre 1999 suite au mémorandum de l'intimé et consort, après des études très approfondies, a signifié à l'intimé que la partie de terre qu'il occupe sous S.R. 339/339 certificat d'enregistrement FB.105 folio 19 du 29 juin 1997 est à l'intérieur du parc. Ce moyen n'est pas davantage fondé. Au demeurant, les titres dressés en faveur de l'intimé étant en violation de la loi, notamment de l'article 55 de la loi foncière, d'où leur nullité au regard de l'article 104 de la même loi… »

d) Notre appréciation critique

L'arrêt rendu par la Cour d'appel de Bukavu en date du 5 septembre 2002 dans la cause ICCN c/ MUH nous renseigne que le contrat d'emphytéose ainsi que le certificat d'enregistrement avaient été établis au profit de Monsieur

MUH en violation notamment des articles 53 et 55 de la loi foncière.

En effet, l'article 53 de cette loi stipule que « le sol est la propriété exclusive, inaliénable et imprescriptible de l'État », tandis que l'article 55 relève que « le domaine foncier public de l'État est constitué de toutes les terres qui sont affectées à un usage ou à un service public. Ces terres sont inconcessibles tant qu'elles ne sont pas régulièrement désaffectées. Ces terres qui font partie du domaine public de l'État sont régies par les dispositions particulières aux biens affectés à un usage ou à un service public ».

Dans sa réplique, la partie MUH soutient que son titre, à savoir le certificat d'enregistrement, a déjà totalisé plus de deux ans d'existence et, de ce fait, il est devenu inattaquable et par voie de conséquence ne peut pas être annulé.

En analysant attentivement les arguments des parties et de la Cour fondés notamment sur les articles 53 et 55 pour l'Institut congolais pour la conservation de la nature et la Cour d'appel d'une part et l'article 227 de la loi foncière pour MUH d'autre part, nous pouvons remarquer l'existence d'un certain conflit qui existerait entre deux groupes de dispositions légales et penser au problème du principe de cohérence de la loi tel que développé par le Professeur Vincent KANGULUMBA MBAMBI[118].

En effet, alors que les articles 53 et 55 de la loi foncière prônent l'inaliénabilité et l'imprescriptibilité du bien du

118 KANGULUMBA MBAMBI V., « Quelques propos sur l'évaluation des lois : cas de la loi foncière du 20 juillet 1973, pp. 31-54 », in *La loi du 20 juillet 1973 portant régime général de biens, régime foncier et immobilier et régime des sûretés au Congo, trente après : quel bilan ? Essai d'évaluation*, Louvain-la-Neuve/Kinshasa, Academia-Bruylant/KAZI, 2003, p. 45-47.

domaine public de l'État, l'article 227 soutient l'inattaquabilité du certificat d'enregistrement ayant totalisé deux ans d'existence et par voie de conséquence la non-rétrocession du bien immeuble couvert par ce titre. Quelle serait la solution envisageable pour arbitrer ce type de conflit ? Doit-on se ranger du côté de la Cour et de l'ICCN ou de celui de Monsieur MUH ?

La vente est un contrat soumis à certaines conditions, dont celles reprises à l'article 8 du Code civil congolais, livre III. En effet, cet article donne quatre conditions, à savoir le consentement des parties, leur capacité, l'objet et la cause licite.

S'agissant de biens du domaine public, ces biens ne peuvent être vendus qu'après leur désaffectation. Avant cette procédure, les biens du domaine public restent inaliénables, ils ne peuvent ni être vendus, ni échangés, ni loués.

À ce sujet, il a été décidé qu'il ne peut être disposé des biens du domaine public au profit des particuliers aussi longtemps qu'ils sont revêtus de ce caractère[119]. Abondant dans le même sens, la Cour suprême de Justice, dans son arrêt du 29 août 1996 sous RC 1867 s'était prononcé comme suit : « Aux termes de l'article 53 de la loi n° 73-021 du 20 juillet 1973, le sol est la propriété exclusive, inaliénable et imprescriptible de l'État : un jugement ne peut pas en reconnaître la propriété à une personne privée »[120] ».

Il apparaît que la jurisprudence et la doctrine sont constantes quant aux litiges portant sur la vente des biens du domaine public, qu'il s'agisse des biens meubles ou immeubles. La jurisprudence et la doctrine se conforment à la

119 *Répertoire pratique du droit belge*, p. 29.
120 KALONGO MBIKAYI, *op. cit.*, p. 179.

loi. En effet, en droit congolais, les biens du domaine public de l'État sont protégés par les articles 10, 53 et 55 de la loi foncière d'une part et par l'article 620 du Code des obligations et des contrats d'autre part.

L'incompatibilité qui résulterait de ces dispositions légales ci-haut à celle de l'article 227 de la loi foncière ne peut être tranchée qu'au profit des premières dans la mesure où elles protègent les intérêts de la société. C'est avec raison qu'Henri DE PAGE avait conclu en ces termes : « Ainsi donc, dès qu'il y a incompatibilité entre les prétentions des particuliers et les droits de la collectivité sur un même bien, les premières doivent céder aux secondes »[121]. Il est aisé de remarquer que ce qui est visé, c'est la protection de l'intérêt général.

Par ailleurs, nous pensons que l'article 227 de la loi foncière ne s'applique pas aux biens qui font partie du domaine public de l'État dans la mesure où il se trouve dans la troisième partie de la loi foncière axée sur l'établissement et la transmission des concessions et des droits immobiliers. Cet article est, dès lors, inapplicable lorsque nous savons que l'objet vendu appartient au domaine public et se trouve, de ce fait, hors commerce.

Au regard de ce qui précède, la Cour d'appel de Bukavu, en décidant de la nullité des titres dressés en faveur de Monsieur MUH en vertu notamment de l'article 55 de la loi foncière, a bien dit le droit.

Après cette analyse, qu'il nous soit permis d'ouvrir une parenthèse et la refermer aussitôt en relevant que les litiges résultant des décisions administratives sur les immeubles de l'État sont de la compétence des juridictions administratives.

---

121 DE PAGE H., *op. cit.*, tome 5, p. 704.

En effet, l'article 110 de cette loi organique dispose : « Les litiges relatifs aux immeubles relevant du domaine public, ceux portant sur la déclaration d'utilité publique d'un bien privé, ceux concernant l'urbanisme et l'habitat, le permis de construire, le classement des monuments et des sites et, de manière générale, tous les litiges résultant des décisions administratives sur les immeubles de l'État relèvent de la compétence du tribunal administratif dans le ressort duquel se trouvent implantés ces immeubles ».

B. Impossibilité d'expropriation

Étant inaliénable, le domaine public est, contrairement au domaine privé, non susceptible de faire l'objet d'une aliénation forcée. C'est seulement après désaffectation que le transfert forcé du droit de propriété que réalise l'expropriation pourrait être obtenu (il s'agirait alors d'une expropriation du domaine privé)[122].

C. Interdiction de constituer un droit réel

Il est interdit à l'État de constituer un droit réel sur une dépendance du domaine public. En effet, l'État ne peut pas procéder, d'une part, au transfert du droit de propriété, c'est-à-dire céder soit l'*usus*, soit le *fructus*, ou encore l'*abusus*, et d'autre part, au démembrement de biens du domaine public, en d'autres termes, l'État ne peut pas accorder un droit d'usufruit, d'emphytéose…

D. Interdiction de constituer une hypothèque

Les biens du domaine public de l'État ou ses dépendances ne peuvent pas faire l'objet d'hypothèque car

---

122 CHAPUS R., *op. cit.*, p. 320.

celle-ci constitue potentiellement une aliénation qui passe par la saisie et la vente forcée. Cependant, il faut noter que les concessions de chemin de fer sont immeubles et susceptibles d'hypothèques[123].

E. Impossibilité de servitude

Les biens du domaine public ne sont pas susceptibles de faire l'objet de servitudes conventionnelles ou légales.

L'incorporation d'un bien dans le domaine public fait tomber les servitudes dont ce bien était affecté. Cependant, rien n'empêche l'administration au moment où elle acquiert un bien destiné à entrer dans le domaine public, de réserver des servitudes au profit de biens immobiliers qui continuent à appartenir à des particuliers, dès lors que le maintien de ces servitudes n'est pas incompatible avec l'affectation[124].

F. Principe d'insaisissabilité

Ce principe complète celui de l'inaliénabilité. Il est évidemment normal que le domaine public, étant inaliénable, soit soustrait à toute possibilité de saisies. Mais l'insaisissabilité n'est pas propre au domaine public : elle couvre tous les biens des personnes publiques, même relevant de leur domaine privé[125].

Si ce principe d'insaisissabilité est partagé par la doctrine en ce qui concerne les biens du domaine public, ce n'est pas le cas en ce qui concerne les biens privés.

---

123 TSHILOMBO MUNYENGAYI, « Le principe de la publicité réelle en matière des concessions perpétuelles et des mutations immobilières dans le droit congolais », *Revue de la Chaire de Dynamique sociale « Mouvement et enjeux sociaux »*, n° 15, janvier-février, Kinshasa, 2004, p. 59.

124 BUTTGENBACH A., *op. cit.*, p. 375.

125 CHAPUS R., *op. cit.*, p. 322.

En effet, si, aux termes de la loi, il est vrai que les biens de l'État échappent à toute forme d'aliénation et donc à la saisie tant qu'ils sont dans le domaine public, en revanche, il reste que ceux relevant du domaine privé de l'État peuvent être aliénés et donc faire l'objet de saisie. En pratique, tous les biens des personnes morales de droit public ne servent pas forcément à la gestion et à la réalisation d'une mission de service public. Or c'est justement cet attribut qui confère auxdits biens le caractère d'insaisissabilité[126].

Avec l'adhésion de la République démocratique du Congo au Traité de Port-Louis instituant l'OHADA, cette controverse semble s'estomper.

« Les actes uniformes sont directement applicables et obligatoires dans les États Parties nonobstant toutes dispositions contraires de droit interne, antérieur ou postérieur », libelle l'article 10 du Traité OHADA. Par cette disposition, le législateur communautaire consacre la supranationalité des Actes uniformes par rapport aux normes internes.

D'ailleurs, l'article 215 de la Constitution du 18 février 2006 telle que modifiée à ce jour, établissant le système moniste de notre pays dans la réception des instruments juridiques internationaux, abonde dans le même sens. Dans l'hypothèse de la dichotomie entre les normes internationales et nationales, « le contrôle de conventionalité » permet d'évincer ces dernières au profit de celles-là.

Aux termes de l'article 30 de l'Acte uniforme portant organisation des procédures simplifiées de recouvrement et des

[126] KANGULUMBA MBAMBI V., « L'exécution des décisions judiciaires par les personnes morales de droit public en droit judiciaire privé congolais », RADIC, vol. 11, point 2, in *La Revue africaine de droit international et comparé*, Londres, 1999, p. 303.

voies d'exécution (AUVE en abrégé), « l'exécution forcée et les mesures conservatoires ne sont pas applicables aux personnes qui bénéficient d'une immunité d'exécution. Toutefois, les dettes certaines, liquides et exigibles des personnes morales de droit public ou des entreprises publiques, quelles qu'en soient la forme et la mission, donnent lieu à compensation avec les dettes également certaines, liquides et exigibles dont quiconque sera tenu envers elles, sous réserve de réciprocité. Les dettes des personnes et entreprises visées à l'alinéa précédent ne peuvent être considérées comme certaines au sens des dispositions du présent article que si elles résultent d'une reconnaissance par elles de ces dettes ou titre ayant un caractère exécutoire sur le territoire de l'État où se situent lesdites personnes et entreprises ».

Cependant, dans la mise en œuvre de cette immunité d'exécution, il a été demandé à chaque État Partie de dresser la liste des personnes morales de droit public qui y sont éligibles. Concrétisant cette option levée par la circulaire n° 015 du 24 février 2015 du ministre de la Justice, garde des Sceaux et Droits humains proscrivant tout recours à l'exécution forcée contre les personnes morales bénéficiaires de l'immunité d'exécution, l'État congolais a rendu publiques, de manière exhaustive, les personnes morales de droit public bénéficiaires de l'immunité d'exécution prévue par l'article 30 susmentionné.

De ce fait, toutes les personnes morales de droit public concernées, c'est-à-dire les personnes commerciales et établissements publics dans lesquels l'État est actionnaire, ne peuvent faire l'objet aussi bien des mesures conservatoires que des procédures d'exécution forcée, hormis la compensation avec les dettes certaines, liquides et exigibles.

Après avoir abordé le principe de l'inaliénabilité du domaine et ses conséquences, nous pouvons à présent évoquer le principe d'imprescriptibilité du domaine public de l'État.

G. Principe d'imprescriptibilité du domaine

L'imprescriptibilité du domaine public de l'État a pour base légale les articles 10 et 53 de la loi foncière ainsi que l'article 620 du Code civil congolais, livre III. Cette imprescriptibilité est une conséquence du principe d'inaliénabilité qui constitue une protection contre la spoliation des biens du domaine public qui peuvent être utilisés collectivement ou privativement comme nous le verrons ci-dessous dans le troisième paragraphe.

§ 3. Usage du domaine public

Les biens du domaine public peuvent être utilisés soit collectivement, soit privativement. Cette question a été examinée avec clarté par André BUTTGENBACH[127].

A. Usages collectifs

En principe, les biens du domaine public sont à la disposition de tous : chacun peut aller et venir, stationner temporairement sur les routes, se baigner sur les plages, entrer dans les musées… Toutefois, l'utilisation des biens du domaine public doit être conforme à leur destination : on ne peut pas entrer dans une église pour y danser, enlever le sable de la plage, etc. Exceptionnellement, une autorisation peut être exigée pour l'usage collectif des biens du domaine public.

---

[127] BUTTGENBACH A., *op. cit.*, pp. 380-383.

B. Usages privatifs

Les personnes publiques peuvent, dans certains cas, autoriser les particuliers à utiliser le domaine public d'une façon privative, c'est-à-dire à l'exclusion des autres, par exemple dans le cas d'installation d'une terrasse de café – pourvu que cette utilisation soit compatible avec l'utilisation du domaine, c'est-à-dire qu'elle ne gêne pas gravement l'usage collectif principal.

Cet usage privatif, régulièrement accordé, constitue pour son bénéficiaire un droit opposable aux tiers, mais dont l'étendue varie selon qu'il dérive d'une autorisation unilatérale ou d'un contrat :

- S'il s'agit d'une autorisation de voirie unilatérale, elle est, en principe, révocable *ad nutum*, sans indemnité même si le bénéficiaire payait une redevance. L'autorisation de voirie est appelée soit permission de voirie, soit permis de stationnement suivant que l'autorisation donne ou non au particulier qui en est titulaire le droit de modifier l'assiette de la voirie et d'y incorporer des ouvrages.
- S'il s'agit d'une concession proprement dite, c'est-à-dire d'un contrat, elle est également révocable à tout moment dans l'intérêt public, dont l'administration est seule juge, mais le concessionnaire obtiendra, pour violation de ses droits contractuels, des dommages-intérêts qu'il pourra réclamer devant les tribunaux judiciaires.

Il apparaît que les biens du domaine public de l'État connaissent une protection particulière. En effet, le domaine public étant hors commerce, inaliénable et imprescriptible, ses biens échappent à tout droit réel privé de la part des particuliers. Il ne peut donc subir aucun démembrement de la propriété, aucun droit d'usufruit, d'usage, d'habitation ou de servitude[128].

En outre, ces biens ne peuvent jamais être aliénés aussi longtemps qu'ils n'auront pas été désaffectés. Aussi, quand bien même le principe d'inattaquabilité du certificat d'enregistrement est de stricte application en droit civil, le titre de propriété qui couvrirait le bien du domaine public ne pourra pas jouir de la faveur de ce principe même s'il a déjà totalisé plus de deux ans d'existence. Un tel titre ne pourra qu'être annulé par les cours et tribunaux puisqu'il couvre le bien du domaine public de l'État qui se trouve être protégé par les articles 10, 53 et 55 de la loi foncière.

Nous pensons que la logique doit être poussée jusqu'au bout en ce sens que les décisions judiciaires prononcées soient effectivement exécutées. Ainsi, les esprits véreux s'adonneraient de moins en moins à cette activité tendant à la spoliation du domaine public de l'État.

Section 2
Le certificat d'enregistrement délivré avant 1973 face au principe d'inattaquabilité

Position du problème

Avant la parution de la loi n° 73-021 du 20 juillet 1973 portant régime général des biens, régime foncier et immobilier et régime des sûretés telle que modifiée et complétée par la loi n° 80-008 du 18 juillet 1980, il existait différents types de terres et de titres d'occupation. Il s'agit

128 *Répertoire pratique du droit belge, op. cit.*, p. 29.

des terres indigènes, des terres de circonscriptions urbaines régies par le livret de logeur ou un titre administratif d'occupation.

Outre ces titres, le Livre II « Des biens et des différentes modifications de la propriété » a prévu un certificat dénommé par l'administration foncière de l'époque « certificat d'enregistrement d'une propriété foncière ». Ce titre reconnaissait à son détenteur étranger ou congolais indistinctement la propriété du sol.

Mais avec la loi foncière, le principe posé à son article 53 reconnaît à l'État congolais l'exclusivité de la propriété du sol. En termes clairs, l'État peut prétendre être le seul et unique propriétaire du sol. Dès lors, que deviennent les détenteurs des titres fonciers régis par l'ancienne loi à savoir le Livre II précité ?

La loi foncière a prévu, en raison sans doute du principe de droit « *jus quaesitum firmum* »[129], droit acquis, des dispositions transitoires contenues dans les articles 390 et 371.

L'article 390 supprime le livret de logeur et titres équivalents et oblige leurs détenteurs à le convertir en certificat d'enregistrement. Par contre, l'article 371 oblige son titulaire à le remplacer par un certificat d'enregistrement conformément aux dispositions de la loi foncière.

Pour le Professeur KANGULUMBA, en raison des droits acquis régulièrement et antérieurement à la loi du 20 juillet 1973, ces titres sont reconnus et reconduits, quitte à

129 Pour le détail sur ce principe, voir FATAKI WA LUHINDI D. A., *Adages à l'usage du prétoire…*, *op. cit.*, p. 77.

les convertir en certificats d'enregistrement conformément à la nouvelle loi[130].

La question qui mérite d'être posée et à laquelle nous nous efforcerons de répondre est de savoir si les titres non encore convertis en certificats d'enregistrement bénéficient du principe d'inattaquabilité du certificat d'enregistrement prévu par la loi foncière. C'est ce qu'aborde le paragraphe unique (§ 1) de cette section 2.

§ 1. Titres concernés par le principe d'inattaquabilité prévu par la loi foncière

A. Bases légales

1. L'article 227 de la loi foncière

a) Libellé

« Le certificat d'enregistrement fait pleine foi de la concession, des charges réelles et, éventuellement, des droits de propriété qui y sont constatés.

Ces droits sont inattaquables et les actions dirigées contre eux ne peuvent être qu'en dommages-intérêts.

Toutefois, les causes de résolution ou de nullité du contrat ou de l'acte, l'erreur de l'ordonnance d'investiture donnent dans les deux années depuis la mutation, ouverture à une action en rétrocession avec dommages-intérêts s'il y a lieu ».

b) Commentaire

Le certificat d'enregistrement dont il est question au point précédent est bel et bien celui qui a été délivré sous l'empire de la loi foncière et jouit de ce fait du principe

130 KANGULUMBA MBAMBI V., *Précis de droit civil…*, *op. cit.*, p. 326.

d'inattaquabilité du certificat d'enregistrement. Il n'est donc pas concerné par ce point.

2. Les articles 390 et 371 de la loi foncière

a) Libellé des articles

Article 390 : « À compter de l'entrée en vigueur de la présente loi, "le droit d'occupation" constaté par "le livret de logeur" ou par tout autre titre équivalent délivré dans une ville ou une zone de la République est supprimé.

Toutefois, ceux des Nationaux qui détiennent actuellement un tel droit, pourvu que celui-ci soit régulier et porte sur un terrain du domaine privé de l'État situé dans une circonscription lotie et cadastrée, se verront octroyer un titre de concession perpétuelle sur le fonds occupé.

Ne sont pas concernés par cette disposition : tous ceux qui, bien que détenant un livret de logeur ou un titre équivalent, sont encore liés par un contrat de location-vente avec un organisme public ».

Article 371 : « Les certificats d'enregistrement établissant la propriété privée du sol et délivrés antérieurement à la présente loi seront remplacés par des certificats conformes aux dispositions de la présente loi au fur et à mesure des mutations opérées ».

b) Commentaire

Avant la parution de la loi foncière, plusieurs titres de différentes natures étaient émis, à savoir le certificat de propriété foncière, le livret de logeur… Pour la Cour d'appel de Lubumbashi, le certificat d'enregistrement établi en 1959 n'est plus un titre légal à dater de la publication de loi foncière. Il ne peut faire foi, estime la Cour[131].

131 CA Lubumbashi, RC 10775/10992, 29 mars 2004, in *Les Analyses juridiques*, n° 3/2004, pp. 52-66, Note de KIFWABALA TEKILAZAYA :

Cette position n'est pas partagée par le Professeur KANGULUMBA qui soutient que la Cour va à l'encontre des principes de droit qui veulent que la loi nouvelle ne peut agir que pour l'avenir et ne peut rétroagir jusqu'à modifier des situations juridiques antérieures à sa propre existence. Pour s'en convaincre, il cite quelques décisions de la même Cour d'appel de Lubumbashi rendues en 1972 dans le sens contraire.

Il estime que le juge ne peut nier le droit de propriété d'une personne possédant un ancien titre tant que son droit est constaté par un certificat d'enregistrement.

C'est dans ce sens, se fondant sur la nature du certificat d'enregistrement et des droits qui y sont inscrits, que la Cour de cassation belge (à l'époque elle était également la juridiction suprême de l'ordre judiciaire colonial) a eu à décider que le certificat d'enregistrement, dressé par le Conservateur des Titres Fonciers et constatant que le droit de propriété d'un immeuble sis au Congo belge appartient à telle personne, fait pleine foi et que le droit de propriété ainsi constaté est inattaquable, sous la seule réserve du cas prévu par l'article 49 du livre II du Code civil congolais « Des biens et des différentes modifications de la propriété », tant les causes de résolution ou de nullité du contrat d'aliénation que l'erreur de l'ordonnance d'investiture, ne donne ouverture qu'à des actions en dommages et intérêts[132].

Les différentes décisions citées par le Professeur KANGULUMBA pour justifier la validité des titres délivrés avant 1973 datent malheureusement d'avant la sortie de la loi

---

« La validité des certificats d'enregistrement dressés avant la loi foncière de 1973 ».

132 KANGULUMBA MBAMBI V., *Précis de droit civil…*, *op. cit.*, pp. 340-342.

foncière au point que les juridictions qui ont rendu ces décisions ne sont pas bien placées pour se prononcer quant à la validité de ces actes par rapport à la loi foncière qui, par son article 53 et la combinaison des articles 390 et 371, a rendu caduques les titres qui étaient en vigueur sous l'empire du Livre II.

Se fondant sur les articles 390 et 371 de la loi foncière et sur le principe des droits acquis, le Professeur KANGULUMBA conclut à la régularité des titres obtenus avant 1973.

En effet, il se prononce en ces termes : « Mais conformément au deuxième alinéa de cette disposition, les livrets de logeur ou autres titres d'occupation acquis avant la loi du 20 juillet 1973 et partant sur des fonds suffisamment mis en valeur sont reconduits mais doivent être convertis en certificat d'enregistrement. Dès lors, avant leur conversion, ces titres ont la même valeur que le certificat d'enregistrement »[133].

Dans le même ordre d'idées, le Professeur écrit : « C'est autant dire que les droits acquis régulièrement et antérieurement à la loi du 20 juillet 1973 sont reconnus et reconduits, quitte à convertir les anciens titres ou, pour les personnes concernées, à se voir octroyer des certificats d'enregistrement conformes à la nouvelle loi. Cependant, l'interprétation de la disposition de l'article 390 de la loi fait poser un problème : dans la mesure où elle ne vise que "ceux des Nationaux", peut-on en déduire que les "étrangers" sont exclus de cette disposition ? Et, le cas échéant, que deviendraient leurs titres de propriété régulièrement acquis ?

133 *Ibidem*, p. 517.

La disposition de l'article 371 y répond de façon explicite lorsqu'elle dit : "Les certificats d'enregistrement établissant la propriété privée du sol et délivrés antérieurement à la présente loi seront remplacés par des certificats conformes aux dispositions de la présente loi au fur et à mesure des mutations opérées".

À notre sens [poursuit le Professeur], cette disposition doit être interprétée en combinaison avec d'autres qui posent le principe des droits acquis et de la conversion des anciens titres de propriété en des titres conformes à la loi du 20 juillet 1973. Encore qu'aucune sanction ne soit formellement prévue en cas de non-conversion des titres de propriété ou de jouissance ! »[134].

Il se dégage de la lecture des articles 390 et 371 de la loi foncière d'une part et de l'avis du Professeur KANGULUMBA d'autre part que les titres obtenus avant 1973 doivent être convertis ou remplacés par les certificats d'enregistrement conformément à la loi foncière.

Qu'adviendrait-il si ces titres ne sont pas convertis ou remplacés ? Serait-il juridiquement justifié de leur faire bénéficier du principe d'inattaquabilité du certificat d'enregistrement prévu à l'article 227 de la loi foncière ? Sur cette question, la réponse négative s'impose pour plusieurs raisons énoncées ci-après :

1) L'article 36, alinéa 1 du décret du 6 février 1920 (ce décret fait l'objet de titre III du Livre II « Des biens et des différentes modifications de la propriété »), stipule que « la propriété privée du sol n'est légalement établie que par un certificat d'enregistrement du titre reconnu ou concédé par la Colonie ».

---

134 *Ibidem*, p. 326.

Cette disposition est en contradiction flagrante avec l'article 53 de la loi foncière qui proclame l'appartenance exclusive du sol congolais au profit de l'État congolais. En effet, la loi foncière, ayant réservé l'exclusivité de la propriété foncière au seul État congolais, a rendu implicitement et automatiquement caducs tous les certificats d'enregistrement obtenus avant 1973 ; d'où leur conversion ou leur remplacement en certificats d'enregistrement conformes aux dispositions de la loi foncière de 1973 telle que modifiée et complétée par la loi de 1980.

En outre, cette conversion ou remplacement ne sera possible que pour les titres réguliers et couvrant le terrain du domaine privé de l'État. Or, pour arriver à la conclusion que ces titres répondent à cette double condition, leur examen approfondi s'impose.

Dès lors, est-il raisonnable de mettre sur un même pied d'égalité ces titres aux certificats d'enregistrement de la loi foncière et de leur faire jouir du principe d'inattaquabilité du certificat d'enregistrement alors que ces titres reconnaissent à leurs détenteurs la propriété du sol, d'une part, et qu'il n'est pas certain qu'ils vont satisfaire aux conditions susvisées, d'autre part.

Nous estimons que le législateur a maintenu ces titres pour des raisons d'équité car il serait injuste de dépouiller un particulier de son immeuble au simple motif qu'il a obtenu son titre avant la parution de la loi foncière et non pour qu'ils bénéficient du principe d'inattaquabilité du certificat d'enregistrement.

2) Les titres obtenus avant 1973 étaient régis par le décret de 1920 alors que les titres de propriété délivrés après 1973

sont sous l'empire de la loi du 20 juillet 1973 telle que modifiée et complétée par la loi n° 80/008 du 18 juillet 1980 portant régime général des biens, régime foncier et immobilier et régime des sûretés. Il est dès lors inconcevable que ces titres, délivrés avant 1973, non réglementés par cette dernière loi, en tirent des avantages, notamment en ce qui concerne le principe d'inattaquabilité.

Comme nous avons eu à le démontrer précédemment, le décret du 6 février 1920 prévoyait l'inattaquabilité du certificat d'enregistrement. Or, à l'instar du décret du 31 juillet 1912, du décret du 30 juin 1913, du décret du 20 juillet 1920 et de celui du 29 juillet 1942, le décret du 6 février 1920 sur la transmission de la propriété immobilière fait également partie du Livre II relatif aux biens et aux différentes modifications de la propriété. Le Livre II est abrogé par la loi foncière à son article 398, point 26. De ce fait, le décret du 6 février 1920 n'est plus d'application.

3) Nulle part dans la loi foncière il n'existe le titre sous le nom de « certificat d'enregistrement d'une propriété foncière » qui était consacré par l'administration foncière avant l'avènement de la loi de 1973. L'administration foncière actuelle parle de « certificat d'enregistrement ». Et pour la loi foncière, tous ces titres supprimés ou rendus caducs doivent être convertis ou remplacés en certificats d'enregistrement. C'est ce certificat d'enregistrement qui deviendra inattaquable après deux ans d'existence et non un titre supprimé ou rendu caduc.

4) L'article 371 de la loi foncière de 1973 n'a nullement vocation à faire persister le certificat d'enregistrement obtenu avant 1973. Bien au contraire, le mode

d'interprétation *a rubrica* nous permet de comprendre que l'article sus-évoqué, faisant partie des dispositions finales et transitoires, a rendu caduc ce certificat d'enregistrement, et ce, conformément aux dispositions de l'article 53 tel que corroboré par l'article 371 de la loi foncière en vigueur.

Cependant le législateur, contrairement à ce qu'il a fait à l'article 390 s'agissant du livret de logeur et autres titres équivalents, a dans cet article commencé par supprimer tout en réservant aux détenteurs de ces titres la possibilité de faire reconnaître les droits constatés par ces titres par leur conversion en certificat d'enregistrement nouveau format ; et a, en ce qui concerne l'article 371 relatif aux certificats d'enregistrement obtenus avant 1973, alors que le principe de sa suppression avait été déjà posé à l'article 53, créé une exception par rapport aux modalités de reconnaissance des droits y constatés, et ce, en commençant par maintenir ces droits mais en conditionnant leur reconnaissance au remplacement de leur support qu'est l'ancien certificat d'enregistrement par un autre conforme à la loi foncière en vigueur qu'est le nouveau certificat d'enregistrement.

Dans l'ensemble et pour l'essentiel, nous disons que l'article 53 a rendu caduc tout titre de propriété en constatation de propriété foncière. L'article 390 pour sa part supprime tout titre délivré avant 1973 et pose les modalités de reconnaissance des droits y constatés. L'article 371 quant à lui crée une exception à l'article 390 en soutirant le certificat d'enregistrement délivré avant 1973 du lot du livret de logeur et autres titres équivalents tout simplement en conditionnant la reconnaissance des droits y constatés qu'il a commencé par maintenir par le remplacement de leur support devenu caduc sur fond de l'article 53.

Ce sont donc les modalités de reconnaissance des droits constatés par les titres délivrés avant 1973 qui justifient la présence des articles 371 et 390 et non une quelconque volonté du législateur d'accepter l'existence concomitante des anciens titres, notamment le certificat d'enregistrement délivré avant 1973, avec celui prévu par la loi foncière de 1973. Admettre le contraire, c'est remettre en cause tout notre système foncier et immobilier.

3. Cas (malheureux) d'application

a) Faits et rétroactes

Madame Pauline LINGELE BOLAKO, liquidatrice de la succession LINGELE Maurice, a attrait en justice Monsieur KIKUNDA OMBALA pour s'être accaparé l'immeuble n° 1786 de son défunt père couvert par le contrat de location n° 43326 du 18 septembre 1967, immeuble que le défunt a construit à la suite d'un crédit bancaire lui octroyé.

Pour sa part, KIKUNDA OMBALA justifie la paternité de cet immeuble par sa lettre d'octobre 1970 par laquelle il exprime au Président de la République ses soucis. C'est ainsi que, selon lui, le Chef de l'État a instruit ses services pour que la parcelle portant le numéro 1786 lui soit attribuée au motif que cet immeuble aurait fait l'objet de saisie au profit de l'État congolais à la suite de la condamnation de feu LINGELE Maurice à une peine de servitude pénale et au paiement des dommages-intérêts en faveur de l'État de la RDC. C'est par la suite que Monsieur KIKUNDA morcellera cette parcelle et obtiendra les certificats d'enregistrement vol. A-148, folio 29 et vol. A-148, folio 30 du 18 novembre 1971.

Le Tribunal de Grande Instance de Kinshasa/Matete, par son jugement du 25 février 2008 sous RC 18238, fera droit à la liquidatrice Pauline LINGELE BOLAKO en ces termes : « … Que lors de la descente sur les lieux effectués au service des titres immobiliers du Mont Amba, le Chef de bureau d'enregistrement a remarqué comme le tribunal que le dossier de la parcelle querellée contient et le contrat de location du défunt Maurice LINGELE et le certificat d'enregistrement du premier défendeur KIKUNDA, alors que le contrat de location aurait dû être annulé et que le même Chef de bureau n'a pas pu expliquer le passage des titres et l'historique de la parcelle susvisée.

Qu'en conséquence, le Tribunal dira irrégulier les certificats d'enregistrement vol A-148, folio 29 et vol A-148, folio 30 du 28/05/2002 et ordonnera au Conservateur des Titres Immobiliers du Mont-Amba, devenu deuxième défendeur de les annuler.

Attendu que l'historique de la parcelle querellée renseigne que c'est suite à l'obtention d'un crédit lui octroyé par la Banque du Congo que le défunt LINGELE Maurice a construit et achevé un immeuble couvert par le contrat de location n° 43326 ;

Qu'avant l'obtention de ce contrat de location plusieurs autres documents lui furent remis, notamment la fiche cadastrale du 23/10/1967, l'autorisation d'installation électrique du 21/01/1967 ainsi que le procès-verbal de mesurage et de bornage ;

Qu'à la suite de l'annulation des certificats d'enregistrement détenus par le premier défendeur et de tout ce qui vient d'être démontré ci-haut, le Tribunal dira le contrat de location n° 43326 du 18/09/1967 du défunt LINGELE Maurice comme le seul acte portant sur l'immeuble disputé … »

Contre ce jugement, Monsieur KIKUNDA saisira la Cour d'appel/Matete qui, par son arrêt du 06/10/2008 sous RCA 6185/8216, va annuler le jugement *a quo*.

b) Extrait de la décision de la Cour d'appel

« … D'abord la Cour fait observer qu'il n'est nullement contesté que le défunt LINGELE Maurice a été condamné à 5 ans de SPP pour faux et détournement des deniers publics et qu'il a été donné acte à la République démocratique du Congo de récupérer la somme détournée à savoir : 498 108,51 50 Z sur tous les biens des prévenus dans la proportion de leur responsabilité pénale respective.

Par ailleurs tout en constatant qu'il n'est versé au dossier aucun procès-verbal de saisie, la Cour relève qu'il gît au dossier la lettre du 13 septembre 1973 du défunt LINGELE Maurice adressée au Président du Mouvement Populaire de la Révolution ayant pour objet clémence pour récupération des biens saisis du défunt LINGELE.

Enfin cependant, à la lettre du défunt LINGELE du 10 juin 1974 dont copie n'est pas produite, le Commissaire d'État à la justice MOZAGBA NGBUKA écrit dans le 2e alinéa de sa lettre ayant pour objet : récupération des biens ex-affaires ILOSONO RMPA 7261 ce qui suit : Contrairement à vos déclarations, il est établi que vous avez été condamné à une peine unique de cinq ans de servitude pénale principale et au paiement de 134 700 zaïres à titre des dommages-intérêts.

Aussi, compte tenu de ce qui précède, je regrette de ne pouvoir faire droit à votre requête.

De tout ce qui précède, la Cour infère que les biens du défunt LINGELE Maurice, dont l'immeuble querellé, ont été bel et bien saisis au profit de l'État. Partant, l'immeuble litigieux étant sorti du patrimoine du défunt LINGELE Maurice, père de l'intimée Pauline…

Enfin, la Cour n'aura pas égard à l'affirmation de l'intimée BOLAKO consistant à dire que le fait du prince vanté par l'appelant KIKUNDA ne peut être retenu en l'espèce au motif que la lettre donnant injonction au Conservateur des Titres Immobiliers ne porte pas la signature du Président de la République.

La Cour note, comme l'a judicieusement relevé Monsieur KIKUNDA, qu'à côté du Président de la République existent des services de la Présidence qui peuvent intervenir au nom de ce dernier qui peut leur donner un ordre verbal.

Elle est en conséquence d'avis que quoique cette lettre ne porte pas la signature du Président lui-même l'ordre a émané bel et bien de lui pour les motifs suivants.

1. Le Président de la République doit avoir donné un ordre verbal à Monsieur A.T. MOORS car si tel n'était pas le cas, il n'aurait pas manqué de réagir soit positivement soit négativement à la lettre du 13/09/1973 lui adressée par le défunt LINGELE Maurice ;
2. Le Commissaire d'État à la justice MOZAGBA NGBANKA en réponse à une autre lettre du de cujus LINGELE a souligné qu'il n'était pas question de faire droit à sa requête du fait que ce dernier était condamné à une peine unique de 5 ans de SPP et au paiement de la somme de 134 700 Z à titre des dommages-intérêts.

En considération de ce qui précède, il échet de dire que c'est par le fait du prince que l'appelant KIKUNDA est devenu propriétaire de l'immeuble querellé contrairement aux allégations de l'intimée LINGELE BOLAKO Pauline.

La Cour conclut que le certificat d'enregistrement établi en faveur de l'appelant est inattaquable en dépit du soutènement de l'intimée et cela en vertu respectivement des articles 371 et 227 du Code foncier.

Par ailleurs, la Cour relève que l'allégation de l'intimée LINGELE BOLAKO Pauline selon laquelle le certificat d'enregistrement obtenu a été supprimé à l'instar du livret de logeur conformément à l'article 390 de la loi foncière est infondée.

Elle oppose à pareille affirmation l'article 371 du Code foncier immobilier et régime des sûretés qui édicte que : Les certificats d'enregistrement établissant la propriété du sol et délivrés antérieurement à la présente loi sont remplacés par des certificats conformes aux dispositions de la présente loi au fur et à mesure des mutations opérées.

La Cour fait remarquer que le législateur n'ayant pas déterminé une date limite pour la conversion des certificats d'enregistrement obtenus avant la loi foncière, ceux-ci gardent leur valeur juridique et sont régis par la loi foncière de 1973 telle que modifiée à ce jour.

À supposer même que le certificat d'enregistrement de l'appelant KIKUNDA ait été obtenu au moyen de la fraude quod non, les droits constatés dans ledit certificat vieux de 37 ans sont inattaquables et les actions dirigées contre eux ne peuvent être qu'en dommages intérêts.

La Cour fait observer que, quel que soit l'angle sous lequel le présent litige est envisagé, seul l'appelant KIKUNDA est propriétaire de la parcelle litigieuse suite aux certificats d'enregistrement en sa possession ;

Ainsi, l'appel de Monsieur KIKUNDA est fondé. »

c) Critique de l'arrêt de la Cour d'appel de Kinshasa/Matete

Loin de soutenir une argumentation cohérente, la Cour s'est plus limitée aux affirmations en vue de justifier sa position.

En effet, après avoir constaté qu'aucun procès-verbal de saisie n'a été versé au dossier, la Cour a, néanmoins, soutenu que les biens du défunt LINGELE Maurice ont été bel et bien saisis au profit de l'État au motif d'une part que la lettre du défunt adressée au Commissaire d'État de la Justice avait pour objet « votre clémence pour la récupération des biens saisis » d'une part et la réponse du Commissaire d'État à la Justice faisant état de la condamnation du feu LINGELE à une peine de servitude pénale et aux dommages-intérêts d'autre part.

La saisie d'un bien ne se prouve pas par des lettres, moins encore par des déclarations, mais par contre par des actes de procédure dont aucun ne gît au dossier.

Poursuivant son argumentation juridique sur un autre point, la Cour, après avoir reconnu que la lettre qui dépossédait feu LINGELE ne portait pas la signature du Président de la République, soutient, quand même, que Monsieur KIKUNDA est devenu propriétaire par le fait du prince au motif qu'à côté du Président de la République existent des services de ce dernier qui peuvent leur donner un ordre verbal.

En justifiant ainsi le fait du prince, la Cour met au placard toute la théorie sur le principe « le fait du prince », qui ne peut s'appliquer que pour l'intérêt général sans préjudice de l'indemnisation des victimes.

Étant donné que ces points de droit ne font pas l'objet de notre étude consacrée au principe d'inattaquabilité, ils ne pourront pas connaître de longs développements.

La Cour, examinant les certificats d'enregistrement de Monsieur KIKUNDA, a soutenu que ces titres, vieux de plus de 37 ans, sont inattaquables au motif qu'ils gardent leur valeur juridique et sont régis par la loi foncière de 1973 telle que modifiée à ce jour.

En outre, la Cour estime que ces certificats restent inattaquables quand bien même ils seraient le fruit de la fraude et d'ajouter « quel que soit l'angle sous lequel le présent litige est envisagé, seul l'appelant KIKUNDA est propriétaire de la parcelle litigieuse suite aux certificats d'enregistrement en sa possession ».

Deux idées-forces peuvent être dégagées de l'argumentation de la Cour, à savoir que le certificat d'enregistrement délivré avant 1973 est régi par la loi foncière (B) et l'absoluité du principe d'inattaquabilité du certificat d'enregistrement (C).

B. Droit applicable au certificat d'enregistrement obtenu avant 1973

Comme nous l'avons relevé précédemment, le certificat d'enregistrement délivré avant 1973 était régi par le décret du 6 février 1920 qui prévoyait aussi le principe d'inattaquabilité du certificat d'enregistrement.

En effet, ce titre était inattaquable une fois que l'immeuble qu'il couvrait quittait le patrimoine de l'acquéreur pour celui du tiers acquéreur. Cependant, il était attaquable aussi longtemps qu'il était sur la tête de l'acquéreur.

Dans le cas d'espèce, sous ce décret, le titre dont se prévaut Monsieur KIKUNDA pouvait être attaqué à tout moment car il était encore intact sur sa tête. Il convient de rappeler que ce décret a été abrogé à la suite de l'abrogation du Livre II auquel il faisait partie.

Pour la Cour, depuis l'abrogation de ce décret, c'est la loi foncière qui régit le certificat d'enregistrement délivré avant 1973 et, de ce fait, il devient inattaquable conformément à la combinaison des articles 227 et 371 de la loi foncière.

Il y a lieu de relever les observations ci-après :

- La loi foncière n'a nullement la prétention de régir le certificat d'enregistrement délivré sous le décret du 6 février 1920. L'article 371 auquel la Cour fait allusion se trouve être une disposition transitoire pour les certificats d'enregistrement obtenus avant 1973 et qui doivent être remplacés par d'autres certificats d'enregistrement conformément à la loi foncière.

- Le remplacement de ces certificats d'enregistrement n'est pas automatique. Il obéit à certaines conditions. En effet, les certificats à remplacer doivent entre autres avoir été délivrés régulièrement et ne doivent pas porter sur le domaine public de l'État. Les titres obtenus dans ces conditions sont à même de jouir de tous les avantages prévus par la loi foncière, dont celui du principe d'inattaquabilité du certificat d'enregistrement.

- Pour d'autres observations, le lecteur peut se référer au premier paragraphe ayant trait aux titres concernés par le principe d'inattaquabilité prévu par la loi foncière.

C. Absoluité du principe d'inattaquabilité du certificat d'enregistrement d'avant 1973

Avant d'aborder la critique de la thèse de l'absoluité du principe d'inattaquabilité du certificat d'enregistrement, il est impérieux de rappeler que ce principe ne concerne nullement le certificat d'enregistrement délivré sous l'empire du décret du 6 février 1920 pour les raisons que nous avons évoquées.

Comme nous l'avons démontré dans les lignes précédentes et comme nous l'examinerons ultérieurement, ce principe est absolu en droit civil sous réserve de certaines exceptions.

En effet, en droit civil, l'article 227 de la loi foncière est de stricte application, sauf notamment en cas de certificat d'enregistrement qui couvrirait irrégulièrement un bien relevant du domaine public de l'État.

Alors qu'en matière civile ce principe est absolu, en matière pénale le certificat d'enregistrement entaché de faux ou falsifié ou encore établi sur base de faux n'est pas protégé par ce principe. En effet, « le certificat peut être directement attaqué par voie d'action publique en faux » dans la mesure où il porte atteinte à l'ordre public, peu importe le délai préfix prévu à l'article 227 de la loi foncière qui n'a d'effet aussi longtemps que la prescription de l'infraction de faux en écritures portant sur le certificat d'enregistrement continuera à courir.

En outre, nous avons démontré que contrairement à la thèse d'absoluité du principe d'inattaquabilité du certificat d'enregistrement qui soutient que le certificat d'enregistrement vieux de plus de deux ans, même s'il a été établi frauduleusement notamment sur base de faux documents, et ce à la suite d'une mutation entre vifs ou par décès ou à l'occasion d'une procédure ordinaire d'obtention du certificat d'enregistrement, ne peut être mis en cause, la thèse de la relativité de ce principe s'inscrit en faux contre cette approche et fonde son argumentation principalement sur la théorie de l'autonomie du droit pénal et subsidiairement sur le principe de l'autorité de la chose jugée au pénal sur le civil et celui traduit de l'adage latin « la fraude corrompt tout » (*fraus omnia corrumpit*)[135].

La thèse d'absoluité du principe d'inattaquabilité du certificat d'enregistrement est une thèse dangereuse car elle favorise la spoliation des « véritables propriétaires ».

Ce principe d'inattaquabilité est combattu en droit pénal, comme nous allons le démontrer dans le troisième chapitre qui traite de l'inattaquabilité et faux en écritures.

Section 3
Certificat dépourvu de cause d'enregistrement

Il faut bien admettre que, quoi qu'il ne l'ait pas expliqué nettement, c'est-à-dire par des dispositions expresses, le législateur congolais a procédé à une limitation de la compétence du Conservateur en matière d'annulation des certificats d'enregistrement : le conservateur n'annule un certificat d'enregistrement relatif à un immeuble qu'en cas d'une demande lui faite, laquelle est fondée soit sur un jugement ou arrêt ayant acquis autorité de la chose jugée, soit encore sur une ordonnance d'investiture, soit enfin sur un contrat d'aliénation passé en forme authentique. Le Conservateur est encore légalement habilité à annuler un certificat d'enregistrement lorsque l'indication de la superficie ou le croquis de l'immeuble enregistré sont reconnus inexacts

135 FATAKI WA LUHINDI D. A., *Les limites du principe d'inattaquabilité…*, *op. cit.*, pp. 142-143.

ou incomplets par un procès-verbal des agents du cadastre, et cette annulation du certificat aux fins de rectification ne peut être faite par le Conservateur que si le propriétaire, c'est-à-dire le détenteur de certificat ou le concessionnaire, a fait la réclamation aux fins qu'un nouveau certificat d'enregistrement soit dressé et que si cette rectification n'est pas de nature à porter atteinte aux droits enregistrés des voisins.

Enfin, le Conservateur des Titres Immobiliers est encore légalement habilité à établir et à annuler un certificat d'enregistrement en cas de perte ou destruction du certificat mobile, mais pour autant que le concessionnaire ou le propriétaire fasse par écrit la demande d'un nouveau certificat d'enregistrement mobile conforme à l'ancien et que, dans cette requête écrite, l'impétrant prenne engagement selon lequel il « sera responsable des conséquences ou dommages que la délivrance du nouveau certificat pourra avoir vis-à-vis des tiers ».

Hormis les différents cas sus-évoqués, le Conservateur n'est compétent à établir et à annuler les certificats d'enregistrement que si un jugement ou arrêt le lui ordonne. Ce sont donc les cours et tribunaux de la RDC qui sont les seuls compétents à annuler les certificats d'enregistrement dans tous les cas et à ordonner au Conservateur d'établir les certificats d'enregistrement lorsque celui-ci, de par ses attributions classiques, est incompétent[136].

Il est vrai que seuls les cours et tribunaux sont compétents pour ordonner au Conservateur des Titres Immobiliers d'établir le certificat d'enregistrement. Cependant, les décisions par lesquelles le Conservateur est appelé à établir le titre de propriété doivent avoir acquis l'autorité de la force de chose jugée.

---

136 LUKOMBE NGHENDA, *op. cit.*, p. 1018.

Outre l'établissement du certificat d'enregistrement par la voie de jugement, le Conservateur peut également le faire au vu d'un contrat d'aliénation, passé en forme authentique, ou d'une ordonnance d'investiture sans oublier l'hypothèse de conversion des titres.

Ces différents modes d'établissement du certificat d'enregistrement constituent les causes de son enregistrement au point qu'un titre de propriété qui n'obéirait pas à l'un de ces modes pourrait être annulé à tout moment. Il en serait ainsi le cas pour une maison ONL vendue à un tiers et dont la preuve d'un acte d'apurement de créance serait inexistante. En fait, c'est cet acte d'apurement qui est la cause d'enregistrement, donc l'acte générateur du certificat d'enregistrement.

En effet, il est inconcevable que le Conservateur des Titres Immobiliers établisse un titre, un certificat d'enregistrement qui serait dépourvu d'une cause d'enregistrement, qui proviendrait *ex nihilo*. Ce serait une forme de fraude caractérisée dans la mesure où le dossier physique est muet quant à l'acte générateur du certificat d'enregistrement établi. Pareil titre doit être annulé et ne peut nullement bénéficier de l'avantage du principe d'inattaquabilité.

La situation serait différente dans le cas d'un enregistrement irrégulier. C'est à ce niveau que le point de vu émis par le Professeur LUKOMBE est différent du nôtre. Le Professeur écrit : « En d'autres termes, si un certificat d'enregistrement a été établi en vertu d'un contrat d'aliénation sous seing privé ou encore en vertu d'un arrêt ou jugement n'ayant pas encore acquis l'autorité de la chose jugée, pareil certificat d'enregistrement est attaquable devant le juge compétent pour que celui-ci procède à son annulation »[137].

Pareille argumentation ne nous paraît pas idoine dans la mesure où la cause d'enregistrement existe bel et bien quand même il serait irrégulier. Cette irrégularité est couverte après deux ans de l'existence du titre. Cette solution protège les transactions foncières et immobilières et répond à l'esprit et à la philosophie du législateur congolais qui a instauré le principe d'inattaquabilité du certificat d'enregistrement tel que nous l'avons démontré antérieurement.

Cependant, dans le cas où cet établissement irrégulier serait prouvé, la victime aura droit non pas à la récupération de l'immeuble mais à la restitution du prix de la valeur de l'immeuble. En outre, le Conservateur des Titres Immobiliers peut être poursuivi pour ce man-quement dans le cas où est démontrée sa complicité.

Outre ces causes connues d'enregistrement du certificat d'enregistrement, nous estimons qu'un titre de propriété couvrant un terrain inculte serait également dépourvu de cause d'enregistrement dans la mesure où le certificat d'enregistrement est censé porter sur un immeuble par incorporation comme le décide l'article 219, al. 2, de la loi foncière.

En effet, la cause de l'enregistrement dans le cas d'espèce est l'immeuble. En principe, il est impossible de concevoir l'établissement d'un certificat d'enregistrement qui couvrirait un terrain inculte, excepté l'hypothèse des concessions ordinaires. Un tel certificat d'enregistrement peut être annulé à tout moment.

137 LUKOMBE NGHENDA, *op. cit.*, p. 1031.

Ce serait aussi le cas d'un certificat d'enregistrement établi par une autorité incompétente, par exemple un titre de propriété établi par un Conservateur des Titres Immobiliers d'une autre circonscription foncière. Le même sort d'annulation par le juge civil concernerait également un certificat d'enregistrement dont la paternité de l'établissement serait faussement attribuée au Conservateur des Titres Immobiliers. Ces genres des certificats sont censés inexistants et ne peuvent nullement bénéficier du principe d'inattaquabilité.

En principe, s'il est établi que c'est à tort que le document est attribué au Conservateur des Titres Immobiliers, il n'est pas nécessaire que le juge pénal soit saisi pour statuer sur le faux dont serait entaché le certificat d'enregistrement.

CHAPITRE III

INATTAQUABILITÉ ET FAUX EN ÉCRITURES DU CERTICAT D'ENREGISTREMENT

Ce chapitre comprend trois sections relatives aux généralités sur le faux en écriture (Section 1), à l'impact du jugement répressif sur les questions civiles en droit foncier et immobilier (Section 2), à l'action publique portant sur le certificat d'enregistrement entaché de faux ou établi sur base de faux (Section 3).

Section 1
Généralités sur le faux en écritures

§ 1. Définition et éléments constitutifs

L'infraction de faux en écritures est punie par le Code pénal congolais à son article 124 du livre II. Ce même Code, cependant, reste muet quant à la définition de cette infraction. Face à cette situation, nous nous proposons de recourir à la doctrine qui définit le faux en écritures comme étant « l'altération de la vérité, dans un écrit quel qu'il soit, réalisée avec une intention frauduleuse ou à dessein de nuire et susceptible de causer un préjudice »[138].

---

[138] MINEUR G., *Commentaire du Code pénal congolais*, Bruxelles, Larcier, 1953, p. 285.

Pour Georges HOORNAERT, le faux est constitué de deux éléments à savoir un élément physique et un élément moral. Le premier élément requiert un mensonge réalisé par l'écriture capable de causer un préjudice tandis que le second réside dans la volonté de fraude ou dans le dessein de nuire du scripteur[139].

Il sied donc de parcourir tous ces éléments pour mieux saisir cette question.

A. Écriture

Georges HOORNAERT donne deux sens au terme écriture : un sens large et un sens restreint. Dans sa signification large, le mot « écriture » désigne l'apposition de signes quelconques sur une matière quelconque dans le but d'exprimer une pensée, une chose ou un fait. Par contre, dans son acception restreinte, ce terme signifie uniquement l'écriture phonétique composée de caractères matérialisant des sons. Ainsi sont bannis les autres modes d'expression de la pensée, tels les dessins, les photographies[140]…

Nous pensons quant à nous que l'écriture dont parle le législateur congolais rentre dans cette acception restreinte.

B. Altération de la vérité

L'altération de la vérité peut, selon Georges MINEUR, consister :

- dans une altération de la matérialité de l'écrit, telle qu'un grattage, une surcharge ou lacération, une insertion après coup d'une fausse clause, l'abus d'un blanc-seing,

139 HOORNAERT G., *op. cit.*, p. 44 et MINEUR G., *op. cit.*, p. 285.
140 HOORNAERT G., *op. cit.*, p. 60.

l'apposition d'une fausse signature, le découpage d'une partie de texte, la juxtaposition de fragments empruntés à des documents originaux et sincères, etc. : c'est le faux matériel ;

- dans une altération des énonciations de l'écrit, sans que dans sa matérialité, celui-ci soit falsifié. Tel est le cas du rédacteur d'un acte, qui insère des mentions contraires ou différentes de ce que les parties ont déclaré, c'est le faux intellectuel.

Il faut relever que l'altération de la vérité est la condition essentielle du faux en écritures[141].

C. Préjudice

En nous référant aux auteurs de la « citation directe », le préjudice peut être compris comme toute atteinte portée au patrimoine matériel et moral de l'individu. Le patrimoine matériel de chacun comprend son intégrité physique et la masse des biens et droits constitutifs du patrimoine *sensu stricto*. Le patrimoine moral comprend l'honneur, la considération, la réputation et d'une façon générale tous les sentiments de l'âme qui sont susceptibles d'être lésés[142].

Il importe de signaler qu'il n'y a faux punissable que s'il cause ou est susceptible de causer un préjudice à autrui[143].

D. Intention frauduleuse

Pour qu'il y ait application de la loi pénale, il ne suffit pas que la vérité ait été altérée sciemment et volontairement, il faut que l'altération ait été commise méchamment ou

---

141 MINEUR G., *op. cit.*, p. 285 et VERON M., *op. cit.*, pp. 25-76.

142 HOORNAERT G., *op. cit.*, p. 86.

143 VERON M., *op. cit.*, p. 77.

frauduleusement, c'est-à-dire dans le but de nuire à autrui ou de se procurer à soi-même ou à d'autres des profits ou des avantages illicites, et sur lesquels porte l'altération de la vérité[144].

Dans le faux matériel, la preuve de cette intention résulte, à l'évidence, des procédés de falsification employés ; elle est plus difficile à établir dans les faux intellectuels plus subtils, lorsque l'acte est matériellement irréprochable[145].

§ 2. Procédés de réalisation de l'infraction de faux dans le certificat d'enregistrement

Toute altération de vérité faite dans un certificat d'enregistrement à dessein de nuire constitue l'infraction de faux en écritures. Celle-ci peut se réaliser par plusieurs procédés dont quelques-uns ci-dessous.

A. Du faux par reconstitution

Ce procédé est difficile à réaliser dans notre système, dans la mesure où l'annulation n'implique pas la destruction du certificat d'enregistrement en quelques morceaux, mais simplement l'apposition de la mention « ANNULÉ ». Pourtant demeure bien faux le certificat d'enregistrement annulé mais sur lequel le faussaire ferait disparaître, par quelque procédé quelconque, la mention d'annulation.

La reconstitution est le fait de réunir ensemble les morceaux d'un titre qui a été détruit en signe d'annulation. Ce procédé est constitutif de faux en écritures, comme le soutient la jurisprudence tant en France qu'en Belgique qui

144 MINEUR G., *op. cit.*, pp. 286-287.
145 VERON M., *op. cit.*, p. 77.

considère que la reconstitution d'un titre détruit est un faux en écritures.

B. Du faux par découpage

Le faux par découpage est le fait pour le faussaire d'enlever un mot d'un texte et de le remplacer par un autre mot faisant partie d'un autre texte. Le texte ainsi composé est photographié, puis reporté soit par la lithographie, soit par d'autres méthodes de transfert. Le faux sur découpage est extrêmement dangereux car il ne peut être découvert que par des spécialistes.

Le faux par découpage peut aussi consister à apposer une signature, prise dans un texte, sur un autre texte dont l'écriture a été tapée à la machine par exemple.

C. Du faux par insertion de faux éléments

Dans ce cas, le certificat d'enregistrement renferme de faux renseignements lors de son établissement. Il peut s'agir entre autres :

- de l'insertion d'un faux nom, le nom du véritable bénéficiaire de l'immeuble ayant été remplacé par celui d'un faussaire. En fait comme le souligne le tribunal, « le faux consiste principalement dans les irrégularités dans des mentions contenues dans ces documents tels que M. MB au lieu de M »[146] ;
- de l'établissement d'un certificat d'enregistrement faisant faussement état de l'annulation du certificat d'enregistrement originaire qui, après enquête, se trouve

[146] Tribunal de Paix de Kinshasa/Gombe, 9 octobre 2001, RP 16970/16988, inédit.

être inexistant. En effet, il a été jugé que, le certificat originaire étant inexistant, celui obtenu en son remplacement est également inexistant, donc faux[147] ;

- de l'établissement du duplicata d'un certificat d'enregistrement dont le titre originaire aurait été égaré alors qu'en réalité il avait été anéanti par le Tribunal. Il s'agit dans ce cas de l'omission volontaire de la part du faussaire de déclarer la vérité. Dans une telle hypothèse, le Tribunal confisque et détruit le titre de propriété obtenu dans ces conditions. Pour s'en convaincre, il y a lieu de citer un passage du jugement du Tribunal de paix de Ngaliema qui s'est décidé en ces termes : « L'examen des pièces versées au dossier révèle que le prévenu s'est fait confectionner le certificat d'enregistrement Vol. AL.414 Folio 200 en duplicata, en déclarant faussement que la société Agicotra avait perdu le certificat d'enregistrement A.191 Folio 52 portant sur cette parcelle (pièce cotée 12)… Il ordonnera, en outre, la destruction des certificats d'enregistrement Vol. AL.414 Folio 200 du 2 juillet 2007 délivré en original et en duplicata en remplacement du certificat Vol. A.191 Folio 52 du 21 mai 1982 prétendument perdu du fait qu'ils ont été obtenus par fraude… »[148].

Parlant des duplicata qui se trouvent être à la base de l'insécurité juridique, le Professeur KANGULUMBA écrit : « Cependant, dans la pratique, l'on rencontre des duplicata de certificat d'enregistrement (perdu, volé, pillé…). Cette pratique, illicite, est à l'origine de l'insécurité juridique en matière foncière. Les détenteurs des duplicata sont, souvent, en même temps détenteurs des originaux de certificats d'enregistrement portant sur les mêmes biens. Ce qui leur

147 Tribunal de Paix de Kinshasa/Gombe, 9 février 2000, RP 16377/IV, inédit.

148 Tribunal de Paix de Kinshasa/Ngaliema, 14 avril 2010, RP 22330/I, inédit.

permet de passer deux ou plusieurs transactions avec des différentes personnes sur les mêmes biens, créant ainsi des litiges immobiliers inextricables.

Juridiquement, il n'existe pas et il ne peut exister de duplicata de certificats d'enregistrement. Nulle part la loi ne prévoit de délivrer des duplicata des certificats d'enregistrement. La perte, la destruction ou le vol de tout certificat perdu doit être déclaré afin que le conservateur porte la mention "annulé" dans ses livres avant de délivrer un nouveau certificat en remplacement de l'ancien, qui ne doit plus avoir cours. Il ne peut y avoir deux titres pour un même fonds, ni pour une même personne sur le même fonds »[149].

D. Autres procédés de réalisation de faux

Georges HOONAERT considère les ratures, surcharges, taches d'encre, cancellations, photocopies truquées comme faux en écritures dans le cas où elles ont pour résultat de dénaturer l'écriture. Il importe de ne pas confondre l'altération de l'écriture avec l'altération de l'écrit. *Un écrit peut contenir un faux sans que son écriture ait été touchée, l'exemple le plus frappant est donné par le faux par omission.*

§ 3. Prescription de l'action publique

A. Définition de la prescription

Le Code pénal congolais est muet à propos de la définition du concept de « prescription ». La doctrine, quant à elle, définit la prescription comme le droit accordé par la loi à l'auteur d'une infraction de ne pas être poursuivi depuis la

149 KANGULUMBA MBAMBI V., *Précis de droit de civil…*, *op. cit.*, p. 516.

perpétration du fait ou si l'auteur de l'infraction a déjà été condamné, de ne pas subir sa peine après l'écoulement d'un certain laps de temps, déterminé par la loi[150].

Il appert de ce qui précède qu'il existe deux sortes de prescriptions, à savoir la prescription de l'action publique et celle de la peine. Dans la présente étude, nous n'examinerons que la prescription de l'action publique.

À ce sujet, nous parlerons dans un premier temps du fondement de la prescription de l'action publique, institution qui, selon ESIKA MAKOMBO, est non seulement ignorée du droit traditionnel congolais et même de certains droits européens mais aussi est vivement critiquée par les partisans des doctrines de la défense sociale du fait qu'elle donne une prime aux criminels les plus habiles, donc aux plus dangereux[151].

B. Fondement de la prescription de l'action publique

Les critiques formulées contre l'institution de la prescription de l'action publique sont bien rendues par ESIKA MAKOMBO dans son livre susmentionné aux pages 272 et 273. Pour cet auteur, aucune justification ne résiste à la critique.

On a fait valoir notamment que le délinquant qui s'est soustrait à la poursuite a dû mener une vie errante, de privation et de remords, qui constitue, par elle-même, une expiration. Cet argument n'est pas solide car, comme l'a si bien fait observer Donnedieu de VABRES, il méconnaît la mentalité véritable des malfaiteurs de profession.

---

150 ESIKA MAKOMBO ESO BINA, *Le Code pénal zaïrois annoté*, Lubumbashi, Esika, 1977, p. 271.

151 *Ibidem*, p. 272.

L'autre argument invoqué est la crainte des erreurs judiciaires. On a fait observer à ce sujet qu'avec le temps les preuves de l'infraction disparaissent ou du moins perdent beaucoup de leur valeur. Une action exercée trop longtemps après la commission de l'infraction risquerait donc de provoquer une erreur judiciaire.

Cela est exact mais, dans un système comme le nôtre dominé par le principe selon lequel la charge de la preuve incombe à la partie poursuivante, principe complété par la règle de l'opportunité des poursuites, l'institution de la prescription ne s'impose pas ; elle énerve au contraire inutilement la répression.

On a ajouté que lorsqu'un certain temps s'est écoulé depuis l'infraction, l'oubli s'est fait. Dans un intérêt de paix et de tranquillité sociale, mieux vaut donc ne pas raviver le souvenir de l'infraction. Cela est exact. Mais, dans un système comme le nôtre, gouverné par la règle de l'opportunité des poursuites, cet argument est insuffisant à justifier l'institution de la prescription.

En définitive, les seuls arguments irréfutables sont ceux invoqués contre la prescription. Il est incontestable, en effet, que la prescription est scandaleuse et porte préjudice à la défense de la société, en donnant une prime aux malfaiteurs les plus habiles. En tout cas, le fait que dans tous les pays où existe cette institution, on s'efforce de prolonger le délai fixé par la loi, me paraît significatif. C'est donc un autre problème qui mérite d'être pensé. Il y a lieu de noter que notre Code de justice militaire a prévu l'imprescriptibilité de l'action publique résultant de certaines infractions.

C. Délai et causes de la prescription de l'action publique

Contrairement à l'article 20, alinéa 1er, de l'ordonnance-loi n° 67/272 du 23 juin 1967 relative aux pouvoirs réglementaires de la Banque centrale en matière de réglementation du change, qui fait courir les infractions à la réglementation du change à dater du constat de l'infraction[152], le Code pénal congolais en son article 25 précise quant à lui que les délais de la prescription commenceront à courir du jour où l'infraction a été commise.

Cependant, l'article 26, alinéa 1er, du même Code prévoit des causes interruptives de cette prescription. En effet, cet article décide que la prescription sera interrompue par des actes d'instructions ou de poursuite faits dans les délais de un ou trois ans, ou cinq ans, à compter de la date où l'infraction a été commise.

En dehors de l'interruption, une autre cause de prolongation du délai de la prescription de l'action publique est la suspension. Contrairement à l'interruption qui fait recommencer en entier le délai de la prescription, la suspension en arrête simplement le cours, l'empêche momentanément d'agir, mais laisse au prévenu tout le bénéfice de la prescription qui a couru antérieurement[153]. Celle-ci se justifie par la règle selon laquelle la prescription ne court pas à l'encontre d'une personne qui ne peut valablement agir.

Il convient de préciser que la législation congolaise ne contient aucune disposition réglementant la suspension. Pour MINEUR, cette règle de la suspension constitue l'expression

---

152 *Ibidem*, p. 275.

153 MINEUR G., *op. cit.*, p. 106.

d'un principe général de droit qui doit donc en permettre son application au Congo[154]. Qu'en est-il alors de l'application de ce délai en ce qui concerne l'infraction de faux en écritures ?

L'article 124 du Code pénal punit le faux commis en écriture de six mois à cinq ans de servitude pénale. L'action publique résultant de cette infraction sera prescrite après trois ans révolus conformément à l'article 24 du Code pénal congolais, tandis que l'article 25 du même Code fait courir ce délai du jour où cette infraction a été commise.

Comme nous l'avons signalé, le point de départ de la prescription peut être retardé, notamment en cas d'infraction d'usage de faux. En effet, il a été jugé que la prescription de l'action publique exercée en raison d'un faux, et de divers faits d'usage de ce faux, ne commence à courir à l'égard du faussaire qu'à la date du dernier fait d'usage du faux[155].

Il a également été jugé que la prescription d'un usage de faux ne peut commencer à courir aussi longtemps que celui qui fait usage de faux accomplit les actes nécessaires pour obtenir le résultat qu'il poursuit. En outre, ce délai peut être retardé au profit d'une personne qui ne peut valablement agir, et ce en vertu du principe latin « *contra non valentem agere non currit praescripto* » qui veut dire que la prescription ne court pas contre celui qui ne peut exercer ses droits. En effet, nous estimons que l'action publique pourra être intentée aussi longtemps que cette infraction de faux ne sera pas portée à la connaissance du tiers lésé.

---

154 MINEUR G. et SOHIER A., cités par LAMY E., *Cours de droit pénal général*, Kinshasa, Université Lovanium, 1974, p. 497.

155 Cassation, 13 janvier 1943, Pas. I, 18, citée par MINEUR G., *Commentaire du Code pénal congolais*, Bruxelles, Larcier, 1953, p. 289.

Cette option est justifiée par la nécessité sociale et aussi par la morale. En effet, il suffira d'un certain temps écoulé pour que le faussaire bénéficie de la prescription de l'action.

On n'est pas sans ignorer que l'infraction de faux en écritures s'accompagne de dissimulations, de manœuvres dilatoires préjudiciables à des spoliés. En effet, l'usage de faux certificat d'enregistrement se réalise généralement à l'insu du véritable titulaire du bien querellé. Ainsi sera-t-il juste que la prescription soit suspendue à l'encontre d'une personne qui ne peut pas valablement agir.

Il convient de souligner que ce principe latin « *contra non valentem agere non currit praescripto* » a récemment été appliqué par le Tribunal de Grande Instance de Kinshasa/Gombe dans son arrêt du 7 juin 2014 sous RPA 19 085 opposant MP et Veuve BOLUMBU SOMBO à Monsieur KAMBUSULUA-PADIMADI Jean.

Le report de ce délai de prescription permettra au spolié d'intenter une action judiciaire contre l'auteur du faux. Cette action pourra aboutir à une décision judiciaire définitive, qui de ce fait jouira de l'autorité de la chose jugée au pénal. Cette autorité de la chose jugée a certains effets sur l'action civile. En effet, les tribunaux civils sont tenus, par une présomption légale absolue, à tenir pour vrais les faits que les juridictions pénales ont affirmés ; ils ne peuvent admettre les offres de preuve qui vont à l'encontre de cette affirmation, et si fortuitement la preuve ou l'évidence contraire était apportée, ils doivent néanmoins être jugés conformément au jugement pénal[156].

[156] RUBBENS A., *Le droit judiciaire congolais.* Tome 3. *L'instruction criminelle et la procédure pénale*, Léopoldville, Université Lovanium ; Bruxelles, Larcier, 1965, p. 345.

Cette position du doyen RUBBENS est également partagée par MERLE et VITU qui relèvent qu'en droit français la décision rendue au criminel a autorité sur le civil. Ce principe, que n'exprime aucun texte législatif, est une création doctrinale et jurisprudentielle…

Le principe signifie que le juge civil ne peut pas méconnaître ou contredire ce qui a été décidé d'une façon nécessaire et certaine par un tribunal répressif, à peine d'une contradiction inadmissible, fâcheuse pour la justice elle-même[157].

La jurisprudence congolaise, quant à elle, abonde dans le même sens en soutenant qu'il est exact que le jugement répressif attaqué sous RPA 408 contredit dans une certaine mesure le dispositif de l'arrêt RCA 899 rendu au civil en faveur du premier défendeur TS.

Toutefois, il est de principe que le jugement civil n'exerce aucune autorité sur le jugement pénal. Il revient en effet au tribunal pénal saisi des faits répressifs de les examiner s'ils sont constitutifs des infractions[158]. C'est ce que nous allons essayer de démontrer lors de l'examen de la deuxième section.

---

157 MERLE R. et VITU A., *Traité de droit criminel*. Tome 2. *Procédure pénale*, Paris, Cujas, 1979, 3e édition, p. 51.

158 Cour suprême de Justice, 28 janvier 1998, RP 1808, inédit.

Section 2
Impact du jugement répressif sur les questions civiles en droit foncier et immobilier

§ 1. Position du problème

La question ayant trait à l'inattaquabilité du certificat d'enregistrement vieux de plus de deux ans divise la doctrine congolaise en deux tendances : celle de la thèse de l'absoluité du principe d'inattaquabilité du certificat d'enregistrement et celle de la thèse de la relativité de ce principe.

Pour les tenants de la première thèse, le certificat d'enregistrement, vieux de plus de deux ans, même obtenu sur base de faux documents, en l'occurrence un acte de vente reconnu faux, ne peut nullement être mis en cause ni par le juge pénal et moins encore par le juge civil.

En effet, selon cette thèse d'absoluité, le jugement répressif condamnant une personne pour stellionat ou pour faux contrat de vente ayant servi de base à l'établissement d'un certificat d'enregistrement vieux de plus de deux ans, ne peut être invoqué pour obtenir la nullité de ce certificat ou remettre en cause les droits réels qui y sont constatés. Pour justifier sa position, cette thèse nous renvoie, d'une part, aux principes de base qui ont soutenu la philosophie du législateur dans ce domaine et, d'autre part, à la compréhension que l'on se fait du contenu de l'article 227 de la loi foncière[159].

---

[159] KABUMBU M'BINGA BANTU, *op. cit.*, p. 29.

Il se trouve malheureusement que ces principes et cette compréhension de la loi, qui constituent l'argumentaire de cette thèse, n'ont pas été explicités.

Contrairement à la thèse de l'absoluité qui privilégie une approche civiliste, celle de la relativité du principe d'inattaquabilité du certificat d'enregistrement, à laquelle nous appartenons, démontre l'influence que joue le jugement répressif sur les questions civiles en droit foncier en s'appuyant sur trois piliers dont l'autonomie du droit pénal, l'autorité de la chose jugée au pénal sur le civil et le principe « *fraus omnia corrumpit* ».

§ 2. Théorie de l'autonomie du droit pénal

A. Sens et fondement de l'autonomie

Le concept d'« autonomie » est défini par le *Petit Robert* comme étant le droit de se gouverner par ses propres lois. Il en découle que ce concept est l'antonyme de mots tels que dépendance, soumission, subordination, tutelle.

Sans se départir de cette acception fournie par le *Petit Robert*, GARRAUD, qui se trouve être l'un des défenseurs de la théorie de l'autonomie du droit pénal, soutient que le droit criminel est un droit autonome ; il poursuit en relevant que le droit criminel comprend l'ensemble des règles établies par l'État pour rattacher à l'acte qui constitue l'infraction la peine qui en est la sanction[160].

Pour sa part, Jean CONSTANT enseigne que cette autonomie se manifeste de différentes façons. Tantôt, le droit

---

160 GARRAUD, cité par CONSTANT J., *Traité élémentaire du droit pénal positif belge*, tome I, Liège, Imprimerie nationale, 1965, p. 92 ; NYABIRUNGU mwene SONGA, *Droit pénal général zaïrois*, Kinshasa, Droit et Société, 1989, p. 55.

pénal rejette certaines règles de droit civil ou de droit commercial qui auraient pour effet d'énerver la répression ; tantôt, il considère comme valables des actes dont le droit civil proclame la nullité ; tantôt, il donne aux termes qu'il emploie un sens différent de celui qui leur est conféré dans les autres branches du droit. D'autre part, dans le domaine procédural, son autonomie se caractérise par le particularisme de la théorie des preuves et par l'indépendance de l'action publique[161].

De cet éclairage de la notion de l'autonomie du droit pénal, Jean CONSTANT conclut en ces termes : « Puisque le droit pénal est autonome, les règles qui président à son interprétation doivent être indépendantes de celles qui régissent l'interprétation des autres disciplines juridiques, c'est-à-dire que, suivant l'expression de M. FOUR, les mêmes notions ne doivent pas nécessairement être entendues dans le même sens de part et d'autre.

Ainsi, la qualité de fonctionnaire pourra être reconnue, pour l'application de la peine, à quelqu'un qui ne la possède pas, d'après la définition du droit administratif[162].

Il découle de ce qui précède que le droit pénal ne se soumet pas aux règles de droit civil. Aussi traite-t-il, en toute indépendance, toute question qui lui est soumise en appliquant ses propres règles. Les questions civiles en droit foncier portant précisément sur le principe d'inattaquabilité du certificat d'enregistrement ne font pas exception. À ce sujet, le juge pénal statuant sur l'infraction de faux et usage de faux portant sur le certificat d'enregistrement ne se préoccupe nullement de la durée de ce titre. Son objectif est de réprimer le comportement infractionnel du faussaire en

161 CONSTANT J., *op. cit.*, p. 92.
162 *Ibidem*, pp. 96-97.

rétablissant l'ordre public ainsi troublé par ce dernier. La non-prise en compte de règles du droit foncier se justifie par les motifs de l'ordre public.

En effet, parlant des effets des jugements répressifs sur les questions civiles, Antoine SOHIER enseigne que la règle « le criminel tient le civil en état » ne se trouve traduite dans aucun texte congolais, pas plus que « le criminel emporte le civil » ; mais elles représentent des principes généraux du droit fondés sur des motifs d'ordre public : la foi que la société réclame pour les décisions des juridictions répressives serait ébranlée si elle pouvait être combattue par les tribunaux civils pour des intérêts privés ; et aussi sur des éléments de fait : la justice répressive a des moyens d'investigation plus puissants et complets pour arriver à la découverte de la vérité[163].

Nous pouvons donc nous rendre compte que le juge pénal qui dispose de divers moyens d'investigation pour le rétablissement de l'ordre public en punissant le criminel ne peut être contré par les règles de droit foncier portant sur le principe d'inattaquabilité du certificat d'enregistrement, et ce conformément, entre autres, à la théorie de l'autonomie du droit pénal et du principe « le criminel emporte le civil ». En effet, nous trouvons dans la jurisprudence de nombreux exemples de l'indépendance du droit pénal par rapport aux autres disciplines juridiques.

B. Applications jurisprudentielles de l'autonomie du droit pénal

Ce point nous permettra de nous rendre compte de l'influence de la théorie de l'autonomie du droit pénal sur les

163 SOHIER A., *Droit de procédure du Congo belge*, Bruxelles, Larcier, 1955, p. 283.

questions civiles en droit foncier portant précisément sur le principe d'inattaquabilité du certificat d'enregistrement.

1er cas – L'article 227 de la loi foncière n'ayant rien à faire avec l'infraction de faux en écriture, un certificat des titres fonciers peut être pénalement déclaré faux et son auteur (lisez son titulaire) poursuivi tant que l'action publique n'est pas encore éteinte[164].

2e cas – N'applique pas et n'a pas à appliquer l'article 227 de la loi n° 73-021 du 20 juillet 1973 portant régime général des biens, régime foncier et immobilier et régime des sûretés telle que modifiée et complétée par la loi n° 80-008 du 18 juillet 1980 (ou loi foncière), le juge pénal qui annule un certificat d'enregistrement en tant que produit d'une infraction. Il ne viole par conséquent pas cette disposition légale[165].

§ 3. Le principe de l'autorité de la chose jugée au pénal sur le civil

A. Affirmation de l'autorité de la chose jugée au pénal

Pour la bonne compréhension de ce principe, il nous paraît impérieux, de prime abord, d'établir un distinguo entre l'autorité de la chose jugée et l'autorité de la force de la chose jugée. À ce sujet, nous allons recourir à GUINCHARD et BUISSON qui enseignent que toute décision juridictionnelle acquiert autorité de chose jugée dès le jour de son prononcé ; mais elle n'aura force de chose jugée, c'est-à-

[164] TGI Mbuji-Mayi, RPA 360/354, 25 mai 2001, veuve ND c/TM, in *Revue analytique de jurisprudence du Congo*, vol. IV, 2e année, 2001, p. 40.

[165] Cour suprême de Justice, RP 1451, 30 avril 1991, PGR c/MAS et crts, in *Revue juridique du Zaïre*, 1993, nos 1 et 2, Kinshasa, Connaissance et pratique du droit zaïrois, 1993, p. 20.

dire force exécutoire, que lorsqu'elle ne sera plus susceptible de voies de recours sauf exceptions[166].

Le principe de l'autorité de la chose jugée, qui présente des conséquences particulières et importantes en procédure pénale, ne relève d'aucun texte législatif. Il est, par contre, une création doctrinale et jurisprudentielle. Ce principe veut tout simplement dire que le juge civil ne peut pas méconnaître ou contredire ce qui a été décidé d'une façon nécessaire et certaine par un tribunal répressif, à peine d'une contradiction inadmissible, fâcheuse pour la justice elle-même[167].

En outre, la décision rendue au criminel ne peut plus être mise en cause, quand bien même elle ne serait pas conforme à la réalité : sa vérité s'impose comme vérité légale ; son contenu est tenu pour vrai[168].

Sans se départir de GUINCHARD et BUISSON, Jacques BORÉ et Louis BORÉ enseignent, à leur tour, que les décisions définitives de la juridiction pénale statuant sur le fond de l'action publique ont au civil l'autorité de la chose jugée à l'égard de tous, les dispositions relatives aux intérêts civils n'ayant au contraire autorité qu'entre les parties au litige et pour ce qui fait l'objet de celui-ci. L'autorité absolue des dispositions pénales ne s'étend qu'à ce qui a été certainement et nécessairement jugé par le tribunal de répression, soit quant à l'existence ou à la qualification pénale du fait incriminé, soit quant à la culpabilité ou à l'innocence de ceux auxquels le fait est imputé. Les constatations de l'arrêt pénal relatives à la matérialité des faits s'imposent donc au juge civil, si elles sont

---

166 GUINCHARD S. et BUISSON J., *Procédure pénale*, Paris, Litex, 2000, p. 829.

167 MERLE R. et VITU A., *Traité de droit criminel*, tome 2, Paris, Cujas, 1979, p. 882.

168 GUINCHARD S. et BUISSON J., *op. cit.*, pp. 829-836.

contenues dans le dispositif de condamnation ou de relaxe ou dans les motifs qui en sont le soutien nécessaire[169].

Il en découle que la décision rendue au criminel a autorité sur le civil. Il convient de préciser que ce principe connaît une restriction : l'autorité n'est conférée qu'à ce qui a été jugé, aux questions nécessairement tranchées par le juge pénal et à rien d'autre.

B. Fondement du principe

Faute d'un texte énonçant le principe de l'autorité de la chose jugée au criminel sur le civil, la doctrine s'est efforcée de découvrir les arguments qui en justifient l'adoption et, par conséquent, d'en rechercher le fondement. À ce sujet, nous allons nous référer abondamment en cette matière aux arguments soutenus par MERLE et VITU. Ces auteurs enseignent ce qui suit :

- On admet actuellement que le principe s'impose surtout en raison de la primauté des juridictions répressives. Les tribunaux criminels assument un rôle spécial, fondé essentiellement sur l'ordre public : ils mettent en cause la vie, la liberté, l'honneur, les biens de personnes jugées. Leurs décisions doivent avoir une autorité plus grande que les décisions civiles, chargées seulement de statuer sur des intérêts particuliers.

- Un autre argument est tiré du système des preuves propre à la seule procédure pénale. Le juge répressif possède des moyens d'investigation ignorés du juge civil ; l'activité du premier, opposée à la passivité du second, permet de penser que la décision pénale sera plus conforme à la vérité parce

169 BORÉ J. et BORÉ L., *La Cassation en matière civile*, 4e édition, Paris, Dalloz, 2008, p. 303.

que tous les éléments auront été découverts et utilisés, alors que le juge civil ne statue que sur les preuves rapportées par les parties. La chose est si évidente que, lorsque le procès civil suit le procès répressif, la victime de l'infraction s'empresse de solliciter le versement, à l'instance civile, du dossier pénal pour y puiser toutes les preuves utiles : n'est-ce pas un hommage rendu à la supériorité des moyens que met en œuvre la justice pénale pour la recherche de la vérité ?

- On souligne également la présence du ministère public, partie principale au débat pénal : représentant la société, il en représente chaque membre individuellement ; la victime qui agit au civil a donc déjà été indirectement partie au procès pénal ; les circonstances de fait opérées par le juge répressif la lient et lient le juge civil qu'elle saisit.

- Enfin, dernier argument tiré des textes : si aucune disposition légale n'exprime le principe, l'article 4, alinéa 2, du Code de procédure pénale (article 3, alinéa 2, du CIC) le suppose lorsqu'il énonce la règle « le criminel tient le civil en état ». Pourquoi le juge civil, saisi avant ou en même temps que le juge pénal, doit-il surseoir à statuer, si ce n'est pour pouvoir tenir compte de la décision rendue par le juge pénal ?

C. Caractéristiques du principe et application jurisprudentielle

1. Caractère absolu

L'examen du point précédent portant sur le fondement de l'autorité de la chose jugée au pénal sur le civil nous permet d'affirmer avec MERLE et VITU que ce principe a un caractère absolu.

En effet, ces auteurs soutiennent que ce principe s'impose non seulement pour l'action civile proprement dite, mais pour les actions à « fins civiles », nées de l'infraction. L'autorité de la chose jugée au criminel s'étend, d'autre part, à toutes les personnes qui figurent au procès civil, et notamment à la victime elle-même ainsi qu'aux personnes civilement responsables ou aux assureurs des divers intéressés, même s'ils n'ont pas été parties à l'instance pénale. Par ce caractère absolu, le principe d'autorité de la chose jugée au civil lie seulement les parties et leurs ayants cause et ne vaut que pour les seules actions sur lesquelles a statué le juge civil[170].

Pour sa part, Henri DE PAGE relève que les jugements rendus au répressif ont l'autorité absolue de la chose jugée. Ils sont opposables, dans la mesure de ce qui a été jugé sur l'action pénale, *erga omnes*, même à l'égard de ceux qui n'y ont pas été parties ou qui n'ont, à aucun titre, figuré à l'instance. Ce qui a été jugé au répressif s'impose à l'égard de tous, et lie tous les citoyens. Nul ne peut les méconnaître, qu'il s'agisse d'une action fondée sur le même fait ou d'une autre action, mais il doit être fait état, soit pour s'en prévaloir, soit pour le contester, de ce qui a été jugé au répressif[171].

Cette position de l'absoluité de la chose jugée est également défendue par GUINCHARD et BUISSON en ces termes : « Dire que la sentence pénale a autorité au civil signifie que ce qui est jugé par le juge pénal s'impose au juge civil (et au juge pénal statuant sur l'action civile) ; n'est pas vrai, le juge pénal n'étant pas tenu par la chose jugée au civil »[172].

Cette position de ces différents auteurs est soutenue mordicus par la Cour suprême de Justice, qui s'est exprimée,

170 GUINCHARD S. et BUISSON J., *op. cit.*, pp. 884-885.

171 DE PAGE H., *Traité élémentaire de droit civil belge : Principe – Doctrine – Jurisprudence*, tome 3, Bruxelles, Bruylant, 1967, pp. 1056-1057.

172 GUINCHARD S. et BUISSON J., *op. cit.*, p. 833.

dans l'une de ses décisions, en ces termes : « Le premier moyen de cassation est tiré de la violation de l'article 1er de l'ordonnance du 14 mai 1886 qui interdit la contrariété des décisions judiciaires portant sur un même objet.

Développant leur moyen, les demandeurs exposent que le jugement RC 060 et l'arrêt RCA 899 sur la tierce opposition de MUL contre le 1er demandeur MIN et le défendeur TSHIL avait annulé le jugement RC 740 et l'arrêt RCA 11258 portant sur le titre de propriété du défendeur TSHIL.

Ces décisions judiciaires ont déclaré le demandeur MUL seul propriétaire de la parcelle litigieuse mais les jugements RP 22834 et RPA 408 qui condamnent le 1er défendeur MIN pour complicité de faux et usage de faux et le 2e défendeur MUL pour faux et usage de faux rétablissent le défendeur TSHIL dans son droit de propriétaire de la parcelle litigieuse.

Elles sont, dès lors, en contradiction avec le jugement RC 060 et l'arrêt RCA 899 devenus définitifs par surcroît. Ils concluent qu'il y a une violation du principe de droit énoncé par la disposition légale visée au moyen. La Cour relève qu'il est exact que le jugement répressif attaqué RPA 408 dans une certaine mesure contredit le dispositif de l'arrêt RCA 899 rendu au civil en faveur du premier défendeur TSHIL. Toutefois, il est de principe que le jugement civil n'exerce aucune autorité sur le jugement pénal. Il revient, en effet, au tribunal pénal saisi des faits répressifs d'examiner s'ils sont constitutifs des infractions.

En plus, le juge pénal a le droit de statuer librement sur les faits répressifs lui soumis selon son intime conviction et n'est pas lié par des moyens de preuve, sauf ceux prescrits par la loi. Dès lors, le moyen n'est pas fondé.

Le deuxième moyen est tiré de la violation des articles 226 et 227 du Code civil congolais, livre III, qui prescrivent le respect de l'autorité de la chose jugée. Selon le demandeur, le jugement RC 060 et l'arrêt 899, qui ont décidé que seul le demandeur MUL était propriétaire de la parcelle litigieuse, ont déguerpi le défendeur TSHIL. Ces décisions ont, dès lors, acquis l'autorité de la chose jugée à l'égard de toutes les parties en cause.

Ils affirment que les titres de propriété obtenus par MUL suite au jugement RC 060 et RCA 899 ne sont pas du tout faux car ces décisions judiciaires lui donnaient le droit de les obtenir. Les jugements RP 22834 et RPA 408 qui condamnent le demandeur MUL et lui retirent son titre de propriété sur l'immeuble litigieux remettent en cause le jugement RC 060 et RCA 899 et, partant, l'autorité de la chose jugée ; ils violent donc, selon eux, les articles 226 et 227 du Code civil congolais, livre III, repris au moyen. Ce moyen n'est pas fondé pour les mêmes raisons que celles invoquées lors du rejet du premier moyen »[173].

Cette décision de la Cour suprême de Justice démontre à suffisance, contrairement à la thèse défendue par KABUMBU M'BINGA BANTU, combien le juge pénal est indépendant dans sa mission de réprimer les faits infractionnels. Il n'est pas tenu d'accommoder sa décision à celle du juge civil. Par contre, le juge civil doit statuer dans le même sens que le juge pénal[174].

2. Caractère d'ordre public

On admet d'autre part en doctrine que le principe a un caractère d'ordre public qui découle naturellement du fondement qu'on lui assigne[175].

---

173 Cour suprême de Justice, RP 1808, 28 janvier 1998, inédit.
174 GUINCHARD S. et BUISSON J., *op. cit.*, p. 833.
175 MERLE R. et VITU A., *op. cit.*, p. 885.

§ 4. Le principe « *fraus omnia corrumpit* » et l'application jurisprudentielle

D'après les informations que nous avons recueillies et notre propre constatation dans le domaine judiciaire, les cours et tribunaux congolais sont dans la plupart des cas saisis pour se prononcer sur les conflits fonciers et immobiliers. Tantôt, il est demandé aux juridictions congolaises d'annuler les titres et actes de propriété, tantôt, il leur est demandé de se prononcer sur le caractère faux de ces documents.

Dans cette perspective, les cours et tribunaux recourent par moment aux principes généraux de droit qui ont pour soubassement l'article 1er de l'ordonnance du 14 mai 1886 de l'Administrateur général du Congo, telle qu'approuvée par le décret du 12 novembre 1886 qui dispose : « Quand la matière n'est pas prévue par un décret, un arrêté ou une ordonnance déjà promulguée, les contestations qui sont de la compétence des tribunaux du Congo seront jugées d'après les coutumes locales, les principes généraux du droit et l'équité ».

Cependant, force est de constater que cette ordonnance et ce décret auxquels les cours et tribunaux, les doctrinaires et praticiens du droit recourent habituellement sont abrogés par l'article 199 du Code de procédure civile selon le bâtonnier MATADI NENGA. Pour le Bâtonnier, il faut recourir à l'article 116 du Code de l'organisation et de la compétence judiciaires qui prévoit, en cas d'absence de coutume, que l'on recoure aux principes généraux du droit et à l'équité et non à un texte abrogé[176].

---

[176] MATADI NENGA GAMANDA J., cité par KANGULUMBA MBAMBI V., *Précis de droit…*, *op. cit.*, p. 36. Lire aussi la note du Bâtonnier MBUYI TSHIMBADI, « L'ordonnance de l'Administrateur général au Congo du 14 mai 1886, qui permet le recours aux principes généraux et à l'équité, est-elle encore d'application ? », in *Les analyses juridiques*, n° 5, 2005, janvier-avril, Lubumbashi, pp. 62-64 ; KABALA MAPA MUTOMBO,

Cette position du bâtonnier n'est pas partagée par le Professeur VUNDUAWE qui estime que ces deux textes sont toujours en vigueur.

En effet, en date du 14 mai 1886, deux ordonnances législatives approuvées par le décret du 12 novembre 1886 avaient été signées par l'Administrateur général du Congo. Ces ordonnances législatives comportaient toutes deux des règles judiciaires :

- la première portant « des principes à suivre dans les décisions judiciaires » ; notamment des règles relatives à l'application des coutumes locales, des principes généraux du droit à défaut d'un texte, et de l'équité ; et
- la seconde ordonnance portant « des règles relatives à la procédure civile ».

Cette dernière, approuvée aussi par un décret du 12 novembre 1886, a été abrogée plus tard, en 1960, par le décret du 7 mars 1960, spécialement ses articles 199, 200 et 201. Ce décret est entré en vigueur à la date fixée au 15 mai 1960 par l'arrêté royal du 14 avril 1960.

Voilà pourquoi la première ordonnance de l'Administrateur général du Congo du 14 mai 1886, approuvée par le décret du Roi-Souverain du 12 novembre 1886, a toujours force de loi jusqu'aujourd'hui[177].

« L'ordonnance de l'Administrateur au Congo du 14 mai 1886 est-elle encore d'application », in *Les analyses juridiques*, n° 10, 2006, septembre-décembre, Lubumbashi, pp. 56-57 ; KANGULUMBA MBAMBI, « L'ordonnance du 14 mai 1886 est un ancêtre illégalement vénéré par la Cour suprême de Justice », in *Les analyses juridiques*, n° 10, 2006, septembre-décembre, Lubumbashi, pp. 57-60.

177 VUNDUAWE te PEMAKO, « L'histoire constitutionnelle des actes ayant force de loi au Congo-Zaïre (1885-2005) », in *Pour l'épanouissement de la pensée juridique congolaise*, Bruxelles-Kinshasa, Bruylant-PUK, 2006, p. 286.

L'argumentation soutenue par le Professeur VUNDUAWE emporte notre conviction.

Néanmoins, dans tous les cas de figure, le législateur congolais ne ferme nullement la porte au juge de recourir à ces différentes sources du droit, en l'occurrence les principes généraux du droit, car il ne lui est pas permis de commettre le déni de justice.

En effet, le recours à cette source du droit se justifie parce que tel est le principe souvent admis dans le système romano-germanique en ce qui concerne les sources du droit[178].

En ce qui concerne la notion de principes généraux du droit, dans son dictionnaire juridique, Bouvier déclare : « Par le terme principes généraux du droit, on entend des vérités ou des propositions tellement claires qu'elles ne peuvent être prouvées ni contredites sauf par des propositions qui sont encore plus claires ».

Par contre, dans le *Journal colonial* de 1936 à la page 23, à l'occasion de la sentence arbitrale du 11 décembre 1931, on a défini les principes généraux du droit comme étant « les conceptions dominantes dans les droits positifs nationaux les plus évolués »[179].

Par ailleurs, les principes généraux du droit peuvent être définis comme des principes, des règles d'allure générale ou universelle qui permettent à un système juridique

[178] KANGULUMBA MBAMBI V., *Précis de droit civil*, *op. cit.*, p. 36.

[179] MUSHIGO-A-GAZANGA GINGOMBE R., *Les principes généraux du droit et leurs applications par la Cour suprême de justice*, Bruxelles, Bruylant-Academia, 2004, p. 21.

déterminé de combler les lacunes ou les insuffisances des sources principales du droit.[180]

Enfin, il reste à ce jour définitivement acquis que le recours aux principes généraux devra se faire suivant la méthode comparative, c'est-à-dire en recherchant les solutions juridiques universellement admises dans les droits des autres nations. C'est dans cette optique, affirme le Professeur KIFWABALA, qu'un grand nombre d'adages séculaires sont d'application courante et générale devant les institutions judiciaires congolaises[181].

Pour de plus amples explications en ce qui concerne le fondement de l'application des principes généraux de droit en droit congolais, le lecteur peut utilement se référer à notre livre sur les adages parus aux éditions L'Harmattan.

Les raisons de la propagation de ce type de conflit sont multiples. À ce sujet, nous pouvons relever l'absence de qualification dans le chef des responsables chargés de la supervision des services fonciers et immobiliers, l'impunité des agents, l'absence de motivation, l'ignorance de la loi, la fraude et la magouille constatés lors de l'établissement du certificat d'enregistrement. Toutes ces raisons amènent les agents des services fonciers et immobiliers à s'adonner à la tricherie, préjudiciant ainsi certaines personnes qui se trouvent du jour au lendemain, et ce injustement, dépouillées de leurs parcelles au profit de faussaires qui, grâce à la complicité de certains agents des services fonciers et immobiliers, se retrouvent propriétaires des immeubles obtenus à la suite de

180 LAMY E., cité par KANGULUMBA MBAMBI V., *Précis de droit…*, *op. cit.*, p. 36.

181 KIFWABALA TEKILAZAYA J.-P., *Droit civil congolais. Les personnes, les incapables, la famille*, Lubumbashi, Presses universitaires de Lubumbashi, Les analyses juridiques, 2008, p. 23.

l'établissement des certificats d'enregistrement sur base de faux documents.

Le principe «*fraus omnia corrumpit*», la fraude corrompt tout, combat toute forme de tricherie, en ne reconnaissant aucune valeur à tout document obtenu à la suite de la tricherie, étant entendu que la fraude est une volonté malicieuse, une déloyauté dans le but de nuire ou de réaliser un gain.

Aussi, pour Henri DE PAGE, tout acte déloyal étant essentiellement dangereux, on doit lutter énergiquement contre lui ; il faut non seulement en faciliter la preuve, mais en détruire les effets[182].

À ce sujet, nous pouvons reprendre le dispositif d'un jugement congolais qui décide : « Ordonne la confiscation et la destruction de document incriminé notamment la lettre de transfert de propriété ainsi que de tous les actes établis sur base de ce dernier »[183]. En effet, il convient de préciser que dans cette affaire, un certificat avait été établi sur base de faux document.

Outre les décisions judiciaires que nous venons d'analyser, nous pouvons aussi démontrer l'inapplicabilité de ce principe d'inattaquabilité du certificat d'enregis-trement sur le plan pénal par d'autres cas jurisprudentiels.

Abondant dans le même sens, le Tribunal de Paix de Kinshasa/Pont Kasa-Vubu s'était prononcé en ces termes : « … que le Tribunal considère aussi comme faux le certificat d'enregistrement Vol. A 321 Folio 31 du contrat de la concession perpétuelle n° 12 339 du 16 septembre 1991,

182 DE PAGE H., *op. cit.*, p. 72.

183 TGI/Matete, Affaire NADiA et crts c/MAKILA, RP 19575/IV/ 19 613/IV, inédit.

délivré à la prévenue NT.FA sur la parcelle querellée car, il est établi sur base de faux renseignements contenus dans les actes de vente du 10 et du 27 novembre 1990… ». Le Tribunal poursuit en décidant : « … qu'il ordonnera… la destruction du certificat d'enregistrement Vol. 321 Folio 31 et celui du contrat de concession perpétuelle… ».

Il est important de noter que la destruction de ces différents titres et actes n'a jamais été mise en cause ni par le jugement du 5 novembre 1993 pris par le Tribunal de Grande Instance de Kinshasa/Kalamu sous RPA 1728, ni par l'arrêt de la Cour suprême de Justice du 24 décembre 1996 sous RP 1677.

En outre, la décision de destruction des objets saisis, dont le certificat d'enregistrement, telle que décidée par le Tribunal de Paix de Kinshasa/Pont Kasa-Vubu, prise en date du 12 février 2002 par le Procureur de la République du Parquet près le Tribunal de Grande Instance de Kinshasa/Kalamu a été notifiée en date du 8 mars 2003 et au Conservateur des Titres Immobiliers de la circonscription foncière de la Funa et à Madame NT.FA.

§ 5. Autres cas jurisprudentiels

A. 1er cas : Tribunal de Paix de Kinshasa/Gombe, RP 4981/I du 15/05/1995, inédit

Faits et rétroactes

Dans l'affaire inscrite sous RC 50890 opposant Monsieur Soum MAM à Monsieur IKO BOL, le Tribunal, par son jugement du 13 janvier 1984 a reconnu comme seuls propriétaires de l'immeuble querellé les successeurs repris dans l'avis de liquidation n° 6943/67 du 4 juillet 1967 ayant pour représentant mandaté par eux, le sieur Soum MAM.

Sur appel de Monsieur IKO, la Cour d'appel de Kinshasa/Gombe a mis à néant ce jugement par son arrêt RCA 11737 du 19 avril 1984 en déclarant irrecevable l'action originaire du sieur Soum MAM.

D'après KABUMBU, la Cour d'appel a constaté dans sa motivation que Monsieur IKO était détenteur d'un certificat d'enregistrement valide et que la contestation de la succession représentée par Mam SOUM devrait être dirigée contre le Conservateur des Titres Immobiliers. Cet arrêt est depuis lors coulé en force de chose jugée[184].

Non content de cet arrêt devenu définitif, Monsieur Mam SOUM intentera un nouveau procès, mais au pénal, poursuivant Monsieur IKO pour faux et usage de faux compromis de vente et certificat d'enregistrement.

Par son jugement RP 4981/I du 15 mai 1995, le Tribunal de Paix de la Gombe fera droit à cette action en ordonnant la confiscation et la destruction des pièces du compromis de vente d'immeuble, du certificat d'enregistrement et de celles établies sur leur base.

Fort de ce jugement au pénal, Monsieur SOUM sollicitera et obtiendra, sous RC 70152, le déguerpissement de Monsieur IKO après avoir déclaré nuls et de nul effet juridique les titres parcellaires et ordonné à la République démocratique du Congo, par l'entremise du Conservateur des Titres Immobiliers, d'établir le contrat de concession et le certificat d'enregistrement au profit du demandeur SOUM.

---

[184] KABUMBU M'BINGA BATNU, « La leçon juridique du mois de décembre 2001 », jurisprudence commentée de la Cour d'appel de Kinshasa/Gombe, p. 26.

Position de KABUMBU

Révolté par ces différentes décisions judiciaires, KABUMBU a exprimé son regret en ces termes : « L'infortuné IKO BOL, dont l'unique malheur est d'avoir acheté de l'État congolais les biens confisqués par ce dernier et ayant appartenu jadis avant la mesure à la succession SOUM, a été déguerpi sur base de ce jugement de la honte. Que devient l'arrêt RCA 11737 du 19 avril 1984, aujourd'hui coulé en force de chose jugée ? Que devient le certificat d'enregistrement n° 198 Folio 137 établi le 30 mai 1984 aujourd'hui vieux de plus de dix-huit ans ? »[185].

Notre appréciation

La présente affaire sous examen illustre parfaitement l'autonomie du droit pénal par rapport au droit civil. En effet, en dépit de la décision judiciaire coulée en force de chose jugée ayant reconnu Monsieur IKO seul propriétaire de l'immeuble querellé, et ce en vertu du certificat d'enregistrement vieux de plus de deux ans détenu par lui, le juge pénal a trouvé convenable d'examiner le faux dont le compromis de vente, ayant conduit à l'établissement du certificat d'enregistrement, était entaché.

Ayant constaté la fausseté de ce document, il n'a pas hésité, en tant que juge pénal et actif, d'ordonner la confiscation et la destruction de ce compromis de vente ainsi que de son produit, en l'occurrence le certificat d'enregistrement.

Nous estimons quant à nous que le juge s'est conformé au droit. En effet, nous avons précédemment démontré que les questions civiles liées au droit foncier ne s'imposent nullement au droit pénal. L'inverse est concevable. En effet,

[185] KABUMBU M'BINGA BATNU, *op. cit.*, p. 27.

le juge pénal ne fait qu'usage de l'application du principe « le criminel emporte le civil ».

C'est dans cet esprit que le juge pénal, *in casu*, a déclaré faux le compromis de vente et le certificat d'enregistrement qui en est le produit. Le juge pénal, après avoir ordonné la confiscation et la destruction de ces documents, ne pouvait pas examiner la question ayant trait au déguerpissement dans la mesure où cette compétence revient au juge civil.

C'est ainsi que Monsieur SOUM a sollicité et obtenu du juge civil le déguerpissement de Monsieur IKO. Cette décision du juge civil est juridiquement fondée.

En effet, dès lors que le juge pénal avait ordonné la confiscation et la destruction du compromis de vente et du certificat d'enregistrement de Monsieur IKO, destruction qui se matérialise aux services des titres fonciers et immobiliers par l'apposition sur le certificat d'enregis-trement de la formule « timbre annulé » ; ce dernier, à savoir Monsieur IKO, était dépourvu de titre de propriété et de ce fait son occupation de l'immeuble querellé ne se justifie plus juridiquement.

À notre avis, le juge civil ne pouvait pas déclarer nuls les documents que détenait Monsieur IKO mais, par contre, devait constater leur inexistence car il n'est pas concevable de parler de la nullité d'un document qui n'existe pas.

Qu'à cela ne tienne, la décision finale ne pouvait être que le déguerpissement de Monsieur IKO et l'établissement, au profit de Monsieur SOUM, d'un nouveau titre de propriété

B. 2e cas : Tribunal de Paix de Kinshasa/Ngaliema, RP 16849/III du 21/12/2001, inédit

Faits

Sous RP 16849/III, le citant KAL MUH sollicite la condamnation de la citée TSHIM KAN pour usage de faux pour avoir produit de faux documents, en l'occurrence le certificat d'enregistrement, dans l'affaire inscrite sous RC 14288 devant le Tribunal de Grande Instance de Kinshasa/Kalamu.

En effet, il soutient que son défunt cousin et père de la citée s'était fait établir un faux certificat d'enregistrement en vue de s'approprier sa parcelle alors qu'il (le citant) détenait, sur cette parcelle querellée, un certificat dressé depuis le 2 avril 1990 et ne reconnaît pas avoir remis à son défunt cousin un acte de cession, document dont il s'était servi, de son vivant, pour se faire établir un autre certificat d'enregistrement.

Extrait de la décision du Tribunal

« Que dans le cas sous examen, la citée TSHIM KAN a fait usage, tout en sachant qu'il est falsifié, de certificat que s'était délivré son feu père et se prévaloir propriétaire de la parcelle querellée ; qu'en effet, par de nombreux procès qui ont opposé le citant à son père ou à la succession qu'elle représente, la citée sait que le certificat qu'elle détient a été contesté par ailleurs et qu'il est une falsification de la vérité ;

« Que si avec les nombreuses correspondances qu'a provoqué l'instruction au Parquet général de la Gombe, elle n'a pas su le faux et le caractère faux du certificat d'enregistrement qu'elle détient, mais après le Parquet général et avant le procès du Tribunal de Grande Instance de

Kinshasa/Kalamu et au Tribunal de Paix du Pont Kasa-Vubu, elle devait savoir quelque chose ;

« Que l'intention frauduleuse de la citée est manifeste tant qu'elle se prévaut, dès lors, de la propriété d'autrui avec des titres faux ;

« Qu'ainsi, la conviction du Tribunal étant largement emportée par le fait que l'infraction est établie dans le chef de la citée, il la condamnera conformément à la loi ;

« Qu'en conséquence, le tribunal ordonnera la destruction par brûlure du certificat d'enregistrement ainsi que tous les autres documents qui en ont donné lieu, délivrés à feu TSHIM MUS et détenu par la citée TSHIM KAN… »

Notre appréciation

Nous sommes en présence de deux certificats d'enregistrement, tous inattaquables. Dans pareille circonstance, le Professeur KALAMBAY relève : « Si le fonctionnaire applique rigoureusement les formalités relatives à l'établissement et à la transmission des concessions et des droits immobiliers, il est inconcevable qu'il puisse exister deux certificats d'enregistrement ayant cours légal. S'il en existe, l'un d'eux doit être un faux. À mon avis, il revient avant tout au ministère public de se saisir du dossier afin de déceler le faux certificat d'enregistrement et de poursuivre ses auteurs car le faux certificat d'enregistrement porte atteinte, non seulement à la foi due à ce titre par la volonté du législateur mais aussi à l'ordre public économique »[186].

Cet avis du Professeur a été écouté par le juge pénal qui a entrepris des investigations lui permettant de se rendre

186 KALAMBAY LUMPANGU G., « Protection juridictionnelle… », *op. cit.*, p. 275.

compte du caractère faux de ce certificat d'enregistrement dont faisait usage la citée TSHIM KAN. En effet, ce certificat d'enregistrement était établi sur base de faux document, à savoir l'acte de cession. Et il va de soi que le principe latin « *fraus omnia corrumpit* » soit d'application.

Nous pouvons, à présent, aborder la troisième section se rapportant à l'action publique portant sur le certificat d'enregistrement entaché de faux.

Section 3
L'action publique portant sur le certificat d'enregistrement entaché de faux ou établi sur base de faux

Dans la pratique judiciaire congolaise, il est établi que le juge pénal passe outre la disposition de l'article 227 de la loi foncière qui traite de l'inattaquabilité du certificat d'enregistrement dès lors qu'il se sera rendu compte que ce titre est le produit d'une infraction, et ce en raison de l'autonomie dont jouit le droit pénal[187].

En effet, il ressort de certaines décisions judiciaires que le juge pénal ordonne la confiscation et la destruction d'un titre qu'il aura déclaré faux[188]. Le faussaire se verra ainsi dépouillé de tout titre de propriété.

---

187 Cour suprême de Justice, 30 avril 1991, RP 1451, in *Revue juridique du Zaïre*, janvier-août 1993, n° 1 et 2, p. 20.

188 Lettre du Conservateur des Titres Immobiliers n° 24413269/97 du 16 avril 1997 ; – RP 22834/IV, TP de Kinshasa/N'djili ; RP 408, TGI de Kinshasa/N'djili du 15 juin 1995, inédit ; – RP 16377/IV, TP de Kinshasa/Gombe du 9 février 2000, inédit ; – RP 4981/I, TP de Kinshasa/Gombe du 15 mai 1995, cité par KABUMBU M'BINGA BANTU, « La leçon juridique du mois de décembre 2001 », Jurisprudence commentée de la Cour d'appel de Kinshasa/Gombe, 2001, p. 26 ; TP de

D'aucuns ont pensé que si le certificat d'enre-gistrement a totalisé deux ans depuis la mutation, le faussaire serait fondé d'introduire une demande d'octroi de duplicata du certificat d'enregistrement auprès des services de la conservation des titres immobiliers. Nous ne partageons pas cette opinion pour la simple et bonne raison que le juge recommande au Conservateur des Titres Immobiliers d'établir un nouveau certificat d'enregistrement au profit de la victime. En outre, cette pratique tendant à la délivrance de duplicata est illégale comme il a été démontré précédemment.

Ainsi, en vertu de l'article 135 de la loi foncière, le Conservateur des Titres Immobiliers sera amené à annuler l'ancien certificat d'enregistrement[189]. Nous pouvons le constater par la lettre du 16 avril 1997 du Conservateur des Titres Immobiliers dans laquelle sur décision du Tribunal il annule le Certificat d'enregistrement Vol. 348 Folio 111.

Par ailleurs, il peut également arriver que le faussaire évoque le principe «*jus quaesitum firmum*»[190], droits acquis, dans le but de sauvegarder la propriété de l'immeuble querellé. Une telle demande serait difficilement défendable. En effet, nous ne sommes pas sans ignorer que l'application dudit principe requiert trois conditions :

a) L'acte doit être régulier, c'est-à-dire doit avoir été pris dans les formes et conditions prévues par la loi, par l'autorité administrative compétente.

Kinshasa/Matete du 10 octobre 2001, RP 19577/IV/19 613/IV, inédit ; TGI/Matete, RPA 337, 15 septembre 2000, inédit ; TP/Gombe, 2 mars 2007, RP 18695/X, inédit ; TP de Kinshasa/Gombe, 9 décembre 2008, RP 18177/VIII, inédit ; TP de Kinshasa/Ngaliema, 14 avril 2010, inédit ; TGI/Gombe, 7 juin 2014, RPA 19085, inédit.

189 TGI de Kinshasa/Gombe du 15 septembre 1999, RC 70152, cité par KABUMBU M'BINGA BANTU, *op. cit.*, p. 27.

190 FATAKI WA LUHINDI D. A., *Adages à l'usage du prétoire…*, *op. cit.*, p. 76.

b) Cet acte doit être individuel, c'est-à-dire doit être adressé à une personne bien déterminée.
c) Cet acte doit être générateur ou créateur des droits subjectifs.

Or nous savons que le faux en écritures portant sur un certificat d'enregistrement rend celui-ci irrégulier. Ainsi, pareil titre de propriété ne produirait-il aucun effet juridique.

Il appert de ce qui précède que tout certificat d'enregistrement déclaré faux n'a aucune valeur. Le juge pénal ne cherche pas à savoir si le certificat d'enregistrement incriminé a totalisé deux ans d'existence. Il est uniquement préoccupé de statuer sur le faux en écritures portant sur le certificat d'enregistrement. C'est ce que nous avons remarqué à travers les différentes décisions de nos juridictions nous amenant ainsi à soutenir la thèse de l'inapplicabilité du principe d'inattaquabilité du certificat d'enregistrement en droit pénal.

CONCLUSION

Le souci de sécurité juridique dans les transactions immobilières et le souci des droits des tiers, commandés tous deux par le crédit foncier et immobilier[191], a fait que le législateur congolais a adopté, dès 1885, le système *Torrens*[192] qui a été confirmé par le décret du 6 février 1920 sur la transmission de la propriété immobilière et par la loi n° 80-008 du 18 juillet 1980 portant régime général des biens, régime foncier et immobilier et régime des sûretés. Ce décret et les lois postérieures ont institué le principe d'inattaquabilité du certificat d'enregistrement.

La portée de ce principe a connu une certaine évolution à travers le décret du 6 février 1920 et la loi du 20 juillet 1973, d'une part, et à travers la loi du 18 juillet 1980, d'autre part.

La loi du 18 juillet 1980, à la lumière de son exposé des motifs, affirme avec véhémence le principe d'inattaquabilité du certificat d'enregistrement qui, au regard d'une bonne partie de la doctrine et de la jurisprudence consultées à ce sujet, révèle que ce principe a une portée absolue en droit civil.

En effet, en droit civil, l'article 227 de la loi foncière est de stricte application sauf en cas de certificat d'enregistrement qui couvrirait irrégulièrement un bien relevant du domaine public de l'État ou qui serait obtenu sous l'empire du décret du 6 février 1920 ou encore d'un certificat d'enregistrement dépourvu de cause d'enregistrement ou

---

191 DIBUNDA KABUINJI, « Portée exacte... », *op. cit.*, p. 8.

192 TSHILOMBO MUNYENGAYI, « Le principe de la publicité... », *op. cit.*, pp. 53, 54 et 78.

établi par une autorité incompétente. Cet article décide que les droits constatés par le certificat d'enregistrement sont inattaquables après un délai de deux ans à partir de la mutation.

Il apparaît que ce délai préfix est moins sécurisant dans la mesure où certaines personnes s'arrangent pour se faire octroyer frauduleusement les certificats d'enregistrement à l'insu des véritables « propriétaires » et ne les font sortir qu'après deux ans.

Aussi, pour barrer la route à la tricherie et en vue d'assurer efficacement la sécurité des droits fonciers et immobiliers, il est souhaitable que ce délai de deux ans commence à courir après que la mutation aura été publiée au *Journal officiel*. Nous espérons que ce mécanisme limitera la fraude et le principe d'inattaquabilité du certificat d'enregistrement en sortira renforcé. En outre, l'intervention obligatoire d'un avocat dans toutes les transactions foncières et immobilières limitera également la fraude, la tricherie et contribuera de ce fait au renforcement de ce principe d'inattaquabilité.

Contrairement à l'application faite en matière civile où le principe est absolu, en matière pénale le certificat d'enregistrement entaché de faux ou falsifié ou encore établi sur base de faux n'est pas protégé par ce principe.

En effet, « le certificat peut être directement attaqué par voie d'action publique en faux » dans la mesure où il porte atteinte à l'ordre public, peu importe le délai préfix prévu à l'article 227 de la loi foncière qui n'a d'effet aussi longtemps que la prescription de l'infraction de faux en écritures portant sur le certificat d'enregistrement continuera à courir.

En outre, nous avons démontré que contrairement à la thèse d'absoluité du principe d'inattaquabilité du certificat d'enregistrement qui soutient que le certificat, vieux de plus de deux ans même s'il a été établi frauduleusement notamment sur base de faux documents, et ce à la suite d'une mutation entre vif ou par décès, ou à l'occasion d'une procédure ordinaire de l'obtention du certificat d'enregistrement, ne peut être mis en cause, la thèse de l'inapplicabilité de ce principe s'inscrit en faux contre cette approche et fonde son argumentation principalement sur la théorie de l'autonomie du droit pénal et subsidiairement sur le principe de l'autorité de la chose jugée au pénal sur le civil et celui traduit du latin « la fraude corrompt tout » (*fraus omnia corrumpit*).

En effet, le droit pénal est une discipline indépendante des autres disciplines juridiques. Il obéit à ses propres règles et rejette celles du droit civil qui ont pour effet d'énerver la répression. C'est ainsi que le juge pénal ne peut s'abstenir de statuer sur un certificat d'enregistrement argué de faux, même s'il est vieux de plus de deux ans. Et la sanction réservée en cette matière est la confiscation et la destruction du document reconnu faux ou établi sur base de faux.

Une telle décision prise par le juge pénal ne peut nullement être contredite par le juge civil. Le juge civil, statuant en matière de droit foncier et immobilier portant sur le certificat d'enregistrement confisqué et détruit par le juge pénal à la suite de son caractère faux, ne pourra que constater l'inexistence dudit certificat d'enregistrement et ordonner au Conservateur des Titres Immobiliers d'établir un nouveau titre de propriété au profit de la victime de spoliation.

Aussi pouvons-nous affirmer que le principe d'inattaquabilité du certificat d'enregistrement est battu en brèche en droit pénal, bien sûr dans la mesure où ce titre est entaché de faux.

Il importe également de noter que seul le certificat d'enregistrement confère à son détenteur la qualité de concessionnaire foncier ou propriétaire immobilier contrairement aux autres droits d'occupation, en l'occurrence le livret de logeur et actes similaires qui, en principe, ne doivent plus être délivrés depuis la loi du 20 juillet 1973. Les actes dressés après cette date sont dénués de toute valeur juridique. Il revient à tout détenteur des droits fonciers et immobiliers d'obtenir le titre requis qu'est le certificat d'enregistrement.

ANNEXES

ANNEXE I

Livre II
Des biens et des différentes modifications de la propriété

TITRE III
DE LA TRANSMISSION DE LA PROPRIÉTÉ IMMOBILIÈRE

Décret du 6 février 1920

36. La propriété privée du sol n'est légalement établie que par un certificat d'enregistrement du titre reconnu ou concédé par la colonie.

44. Le certificat d'enregistrement fait pleine foi du droit de propriété et des locations et charges réelles qui y sont spécifiées.

Jurisprudence. – Les dispositions du décret du 6 février 1920 dérogent au principe de l'article 264, L. III, du Code civil, en ce sens que, en matière de propriété foncière, les contrats ne peuvent engendrer que des obligations proprement dites et sont impuissants à opérer par eux-mêmes le transfert de droits réels, même entre les parties contractantes et que la translation de la propriété ne peut résulter que de l'inscription au livre d'enregistrement. 1re inst. Élisabethville, 13 août 1926. (Droit et Jurispr. Katanga, 2e année, p. 282).

Ce, nonobstant une clause de réméré inscrite au contrat. Appel Élisabethville, 21 mars 1925 (même revue, 1re année, p. 168).

49. Par exception à l'article 44, tant que la propriété de l'immeuble est encore intacte sur la tête de l'acquéreur les causes de résolution ou d'annulation de l'aliénation

qui lui a été consentie donnent ouverture, pour l'aliénateur, une action en rétrocession de l'immeuble, avec dommages – intérêts, s'il y a lieu.

Loi n° 73-021 du 20 juillet 1973 portant régime général des biens, régime foncier et immobilier et régime des sûretés, telle que modifiée et complétée par la loi n° 80-008 du 18 juillet 1980.

TROISIÈME PARTIE

DE L'ÉTABLISSEMENT ET DE LA TRANSMISSION DES CONCESSIONS ET DES DROITS IMMOBILIERS

TITRE Ier : DE L'ÉTABLISSEMENT DES DROITS

Article 53 : Le sol est la propriété exclusive, inaliénable et imprescriptible de l'État.

Jurisprudence. – La propriété du sol appartient au seul État zaïrois. Le fait pour celui-ci de conclure un contrat de concession perpétuelle sur une parcelle de terre avec un particulier ne transfère pas à ce dernier un droit de propriété sur le sol. C.S.J. RC 373. 25 mars 1987, inédit.

Jurisprudence. – La propriété du sol appartient à l'État zaïrois. Le fait de conclure un contrat de location d'une parcelle de terre avec un particulier ne transfère pas à ce dernier un droit de propriété sur cet immeuble. C.S.J. RC 299, 23 juin 1982, inédit.

Jurisprudence. – La loi du 20 juillet 1973 a institué un nouveau système dans lequel les particuliers ne détiennent que la propriété privée des immeubles incorporés et acquièrent sur le sol un droit de jouissance qui sert de support de cette propriété. C.S.J. RC 378, 27 juin 1984, inédit.

Jurisprudence. – Aux termes de l'article 53 de la loi n° 73-021 du 20 juillet 1973, le sol est la propriété exclusive, inaliénable et imprescriptible de l'État, un jugement ne peut en reconnaître la propriété à une personne privée. C.S.J. RC 1867, 29 août 1996, inédit.

Jurisprudence. – Il se dégage de l'article 53 de la loi n° 73-021 du 20 juillet 1973, que la propriété du sol et du sous-sol appartient à l'État qui peut accorder des concessions à ceux qui en font la demande.

En reconnaissant à une partie, la propriété de la parcelle de terre querellée au lieu d'un droit de concession l'arrêt déféré a violé l'article 53 de la loi précité. C.S.J. RC 1869, 29 août 1996, inédit.

Article 181 : Le ministère ayant les affaires foncières dans ses attributions applique la politique de l'État en matière d'affectations et de distributions de terres.

Article 182 : Les terres sont gérées par les administrations publiques, soit par des organismes publics créés à cet effet, soit par des sociétés mixtes d'équipement et de promotions immobilières.

Article 183 : Pour les terres gérées par les administrations publiques, les concessions ne sont valables que si elles sont accordées :

1) par contrat approuvé par une loi, pour les blocs de terres rurales, égaux ou supérieurs à deux mille hectares

et pour les blocs de terres urbaines égaux ou supérieurs à cent hectares ;

2) par contrat validé par ordonnance du Président de la République pour les blocs de terres rurales supérieurs à mille hectares et inférieur à deux mille hectares et pour les blocs de terres urbaines supérieurs à cinquante hectares et inférieurs à cent hectares ;
3) par contrat validé par arrêté du ministère ayant les affaires foncières dans ses attributions pour les blocs de terres rurales de plus de deux cents hectares n'excédant pas mille hectares et pour les blocs de terres urbaines de plus de dix hectares mais n'excédant pas cinquante hectares ;
4) par contrat signé par le Gouverneur de région pour les blocs de terres rurales égaux ou inférieurs à deux cents hectares et pour les blocs de terres urbaines égaux ou inférieurs à dix hectares.

Pour les terres rurales de moins de dix hectares et les terres urbaines de moins de cinquante ares, le Gouverneur de région peut déléguer ses pouvoirs au Conservateur des Titres Immobiliers.

En ce qui concerne la ville de Kinshasa, les pouvoirs prévus au paragraphe 4 ci-dessus sont exercés par le ministre ayant les affaires foncières dans ses attributions pour les terrains dont la superficie excède 2 hectares ; il peut déléguer ses pouvoirs au Chef de division des Terres dans les autres cas.

Pour déterminer les blocs prévus ci-avant, il est tenu compte de toutes les concessions de même nature et de même destination dont le demandeur a bénéficié dans la même région.

Article 184 : Les actes pris en violation de l'article 183 ci-dessus sont susceptibles d'un recours administratif ou judiciaire selon le cas.

Le recours administratif s'exerce :
1) auprès du Gouverneur de région contre les actes de son délégué ;
2) auprès du ministre contre les actes de son délégué ou du Gouverneur de région ;
3) auprès du Président de la République contre les actes du ministre.

Le recours judiciaire s'exerce lorsque le recours administratif dont question à l'alinéa précédent n'a pas abouti.

Article 204 : Est nul :
1) Tout contrat de concession conclu en violation des dispositions impératives de la présente loi ;
2) Tout contrat contraire aux impositions impératives d'ordre urbanistique.

Jurisprudence – La nullité prévue à l'article 204 de la loi dite foncière est d'ordre privé. C.S.J. R.C 937, 28 octobre 1989, inédit.

Article 207 : Tout acte d'usage ou de jouissance d'une terre quelconque qui ne trouve pas son titre dans la loi ou un contrat constitue une infraction punissable d'une peine de deux à six mois de servitude pénale et d'une amende de 50 à 500 zaïres ou d'une de ces peines seulement. Les co-auteurs et complices de cette infraction seront punis conformément au prescrit des articles 21 et 22 du Code pénal.

Article 219 : Le droit de jouissance d'un fonds n'est légalement établi que par un certificat d'enregistrement du titre concédé par l'État. La propriété privée des immeubles par incorporation, qui est toujours envisagée séparément du sol, n'est légalement établie que par l'inscription, sur le certificat établissant la concession du fonds, desdits immeubles. Elle peut être établie par un certificat d'enregistrement distinct dont il est fait annotation sur le certificat établissant la concession.

Article 227 : (modifié et complété par l'article 1er de la loi n° 80-008 du 18 juillet 1980 modifiant et complétant la loi n° 73-021 du 20 juillet 1973 portant régime général des biens, régime foncier et immobilier et régime des sûretés).

Le certificat d'enregistrement fait pleine foi de la concession, des charges réelles et, éventuellement, des droits de propriété qui y sont constatés.

Ces droits sont inattaquables et les actions dirigées contre eux ne peuvent être qu'en dommages-intérêts.

Toutefois, les causes de résolution ou de nullité du contrat ou de l'acte, l'erreur de l'ordonnance d'investiture donnent dans les deux années depuis la mutation, ouverture à une action en rétrocession, avec dommages-intérêts s'il y a lieu.

Article 371 : Les certificats d'enregistrement établissant la propriété privée du sol et délivrés antérieurement à la présente loi seront remplacés par des certificats conformes aux dispositions de la présente loi au fur et à mesure des mutations opérées.

Article 390 : (Modifié et complété par l'article 7 de la loi n° 80-008 du 18 juillet 1980).

À compter de l'entrée en vigueur de la présente loi, « le droit d'occupation » constaté par « le livret de logeur » ou par tout autre titre équivalent délivré dans une ville ou une zone de la République est supprimé.

Toutefois, ceux des Nationaux qui détiennent actuellement un tel droit, pourvu que celui-ci soit régulier et porte sur un terrain du domaine privé de l'État situé dans une circonscription lotie et cadastrée, se verront octroyer un titre de concession perpétuelle sur le fonds occupé.

Ne sont pas concernés par cette disposition : tous ceux qui, bien que détenant un livret de logeur ou un titre équivalent, sont encore liés par un contrat de location-vente avec un organisme public.

Article 398 : Sont abrogés à partir de l'entrée en vigueur de la présente loi

26) le livre II du Code civil consacré aux « BIENS ».

ANNEXE II

Établissement et transmission des concessions et des droits immobiliers

ETABLISSEMENT ET TRANSMISSION DES CONCESSIONS
ET DES DROITS IMMOBILIERS

LOI FONCIERE	CODE CIVIL CONGOLAIS	L'ACT TORRENS (*)
Art. 219	Comp. art. 36 L. II. C.C.C.	Comp. art. 43
Art. 220	Comp. art. 37 L. II. C.C.C.	Comp. art. 43, art. 51
Art. 221	Comp. art. 38 L. II. C.C.C.	–
Art. 222	Comp. art. 39 L. II. C.C.C.	–
Art. 223	Comp. art. 40 L. II. C.C.C.	Comp. art. 4, art. 128, art. 137.
Art. 224	Comp. art. 41 L. II. C.C.C.	–
Art. 225	Comp. art. 42 L. II. C.C.C.	Comp. art. 32, 33, 45, art. 142.
Art. 226	Comp. art. 43 L. II. C.C.C.	Comp. art. 7
Art. 227	Comp. art. 44 L. II. C.C.C.	Comp. art. 33 al. 5; art. 44, art. 47, art. 126
Art. 228	Comp. art. 45 L. II. C.C.C.	Comp. art. 121 et 122.
Art. 229	Comp. art. 46 L. II. C.C.C.	Comp. art. 21
Art. 230	Comp. art. 47 L. II. C.C.C.	–
Art. 231	Comp. art. 48 L. II. C.C.C.	Comp. art. 48, art. 115, art. 139.

(*) Le texte est publié dans le Journal des Tribunaux d'Outre-Mer, 1955, pp. 77, 92, 106.

Art. 232	Comp. art. 50 L. II. C.C.C.	Comp. art. 11, 1°; art. 31.
Art. 233	Comp. art. 51 L. II. C.C.C.	Comp. art. –
Art. 234	Comp. art. 52 L. II. C.C.C.	Comp. art. 39, art. 132.
Art. 235	Comp. art. 53 L. II. C.C.C.	Comp. art. 50, art. 51
Art. 236	Comp. art. 54 L. II. C.C.C.	Comp. art. 40, art. 49
Art. 237	Comp. art. 55 L. II. C.C.C.	Comp. art. 30, art. 35
Art. 238	Comp. art. 56 L. II. C.C.C.	Comp. art. 98 – 100.
Art. 239	Comp. art. 57 L. II. C.C.C.	Comp. art. 101
Art. 240	Comp. art. 58 L. II. C.C.C.	Comp. art. 102
Art. 241	Comp. art. 59 L. II. C.C.C.	Comp. art. 11, 40; art. 123 al. 2 contario art. 33 al. 6.
Art. 242	Comp. art. 60 L. II. C.C.C.	Comp. art. 117
Art. 243	Comp. art. 61 L. II. C.C.C.	

Source : KALAMBAY LUMPUNGU G., *Droit civil.* Vol. 2. *Régime foncier et immobilier*, Kinshasa, Presses universitaires du Zaïre, 1989, pp. 290-291.

BIBLIOGRAPHIE

A. TEXTES LÉGAUX

1. *Code foncier, immobilier et régime des sûretés. Textes légaux et réglementaires coordonnés*, numéro spécial, 1992, 347 p.

2. *Codes et lois du Congo belge*, Bruxelles, Maison Ferdinand Larcier, Des codes et lois du Congo belge, 1954, 600 p.

B. OUVRAGES

1. STENMANS A., « De la transmission de la propriété immobilière », in A. SOHIER (dir.), *Droit civil du Congo belge*, Bruxelles, Larcier, 1956, 987 p.

2. BUTTGENBACH A., *Manuel de droit administratif*, 1re Partie. *Théorie générale du droit administratif belge*, Bruxelles, Larcier, 1996, 751 p.

3. CHAPUS R., *Droit administratif général*, tome 2, Paris, Montchrestien, 1990, 600 p.

4. CONSTANT J., *Trai[illegible]ntaire du droit pénal positif belge*, tome 1, Liège, [illegible]erie nationale, 1965, 606 p.

5. DE LAUBADÈRE A., *Traité de droit administratif*, Paris, Librairie Générale de Droit et de Jurisprudence, 1975, 534 p.

6. DE PAGE H., *Traité élémentaire de droit civil belge*, tome 5, Bruxelles, Bruylant, 1952, 1365 p.

7. DE PAGE H., *Traité élémentaire de droit civil belge : principes, doctrine, jurisprudence.* Tome 3. *Les obligations*, 3e éd., Bruxelles, Bruylant, 1967, 1185 p.
8. DIBUNDA KABUINJI, *Répertoire général de Jurisprudence de la CSJ : 1969-1990*, Kinshasa, Connaissance et pratique du droit zaïrois, 1990, 378 p.
9. ESIKA MAKOMBO ESO BINA, *Le Code pénal zaïrois annoté*, Lubumbashi, 1977, 306 p.
10. FATAKI WA LUHINDI D.A., *Adages à l'usage du prétoire et du politique*, Kinshasa, Batena Ntambua, 2008, 249 p.
11. FATAKI WA LUHINDI D. A., *La loi foncière congolaise confrontée aux réalités sociétales*, Kinshasa, Service de Documentation et d'Études du ministère de la Justice et Garde des Sceaux, octobre 2011, 120 p.
12. FATAKI WA LUHINDI D. A., *Les adages à travers les arrêts de la Cour suprême de justice*, Kinshasa, Service de Documentation et d'Études du ministère de la Justice et Droits Humains, juillet 2012, 147 p.
13. GUILLIEN R. et VINCENT J., *Lexique de termes juridiques*, Paris, Dalloz, 1998, 618 p.
14. GUINCHARD S. et BUISSON J., *Procédure pénale*, Paris, Litex, 2000, 829 p.
15. BORÉ J. et BORÉ L., *La cassation en matière civile*, 4e éd., Paris, Dalloz, juin 2008, 798 p.
16. KABANGE NTABALA Cl., *Droit administratif*, tome 1, Kinshasa, Imprimerie Vina, 1997, 260 p.
17. KABUMBU M'BINGA BANTU, *La leçon juridique du mois de décembre 2001 : Jurisprudence commentée de la Cour d'appel de Kinshasa/Gombe*, 2001, 34 p.

18. KALAMBAY LUMPUNGU, *Droit civil.* Vol. 2. *Régime foncier et immobilier*, Kinshasa, Presses universitaires du Zaïre, 1989, 331 p.
19. KALONGO MBIKAYI, *Code civil et commercial congolais*, Kinshasa, Centre de Recherche et de Diffusion Juridiques, 1997,645 p.
20. KANGULUMBA MBAMBI V., *Précis de droit civil des biens. Théorie générale des biens et théorie spéciale des droits réels fonciers et immobiliers congolais*, Louvain-la-Neuve, Academia-Bruylant, 2007, 541 p.
21. KATUALA KABA KASHALA J.-M., *Le certificat d'enregistrement et le livret de logeur*, Kinshasa, Batena Ntambua, 1998, 51 p.
22. KENGO WA DONDO, *De l'acquisition et de la transmission des droits immobiliers en droit zaïrois*, Mercuriale, Kinshasa, Imprimerie Saint-Paul, 1980, 96 p.
23. KIFWABALA TEKILAZAYA J.-P., *Droit civil : les biens.* Tome 1. *Les droits réels fonciers*, Lubumbashi, Presses universitaires de Lubumbashi, janvier 2004, 482 p.
24. KIFWABALA TEKILAZAYA J.-P., *Droit civil congolais : les personnes, les incapables, la famille*, Lubumbashi, Presses universitaires de Lubumbashi, 2008, 445 p.
25. LUKOMBE NGHENDA, *Droit civil. Les biens*, Publications des Facultés de Droit des Universités du Congo, août 2003, 1259 p.
26. MERLE R. et VITU A, *Traité de droit criminel*, tome 2, Paris, Cujas, 1979, 1002 p.
27. MINEUR G., *Commentaire du Code pénal congolais*, Bruxelles, Larcier, 1953, 285 p.

28. MUSHIGO-A-GAZANGA GINGOMBE R., *Les principes généraux du droit et leurs applications par la Cour suprême de Justice*, Bruxelles, Bruylant-Academia, 2002, 264 p.

29. MUSHIGO-A-GAZANGA GINGOMBE R., *Le contentieux administratif dans le système juridique de la République démocratique du Congo*, Bruxelles, Bruylant-Academia, 2004, 406 p.

30. NYABIRUNGU MWENE SONGA, *Droit pénal général zaïrois*, Kinshasa, Droit et Société, 1989, 414 p.

31. NTETIKA MBAKATA J.A., *L'exécution provisoire et les défenses à exécuter en procédure civile congolaise*, Kinshasa, Kapanga, 2011, 123 p.

32. LOUWERS O., *Codes et lois du Congo belge. Textes annotés d'après les rapports du Conseil colonial, les instructions officielles et la jurisprudence des tribunaux*, M. Weissenbruch, Imprimeur du Roi, 1914, 1606 p.

33. LOUWERS O. et GRENADE I., *Codes et lois du Congo belge. Textes annotés d'après les rapports du Conseil colonial, les instructions officielles et la jurisprudence des tribunaux*, 3e éd., M. Weissenbruch, Imprimeur du Roi, 1927, 2076 p.

34. LOUWERS O. et KUCK Ch., *Codes et lois du Congo Belge. Textes annotés d'après les rapports du Conseil colonial, les instructions officielles et la jurisprudence des tribunaux*, M. Weissenbruch, Imprimeur du Roi, 1934, 2190 p.

35. MUMBUMBA NDALA P., *Les risques de prêter sur hypothèque. Conseils, stratégies et orientations*, Kinshasa, Service de Documentation et d'Études du ministère de la Justice et Garde des Sceaux, 2018, 174 p.

36. PIRON P. et DEVOS J., *Codes et lois du Congo Belge*, tome 1, Léopoldville-Bruxelles, Larcier, 1960.

37. *Répertoire pratique de droit belge*, tome 4, Bruxelles-Paris, Bruylant-LGDJ, 1950.

38. RUBBENS A., *Le droit judiciaire congolais : l'instruction criminelle et la procédure pénale*, tome 3, Université Lovanium, Léopoldville, Larcier, 1965, 469 p.

39. SOHIER A., *Droit de procédure du Congo belge*, Bruxelles, Larcier, 1955, 371 p.

C. ARTICLES, NOTES ET RAPPORTS

1. DIBUNDA KABUINJI, « Portée exacte du caractère inattaquable du certificat d'enregistrement des droits fonciers et immobiliers en République du Zaïre », *Revue juridique du Zaïre*, 1978, n° 1, 2 et 3, pp. 2-9.

2. FATAKI WA LUHINDI D. A., « L'inscription en faux contre les actes authentiques en droit congolais », *Cahiers africains de droits de l'homme et de la démocratie*, Kinshasa, n° 281, 4e année, vol. 1, janvier-juin 2010, Centre de Recherche pour la Promotion et la Protection des Droits de l'Homme en Afrique, pp. 149-158.

3. KABALA MAPA MUTOMBO, « L'ordonnance de l'Administrateur au Congo du 14 mai 1886 est-elle encore d'application ? », *Les Analyses juridiques*, n° 10, 2006, septembre-décembre, Lubumbashi, pp. 56-57.

4. KADIMA MUELABITUHA, « De la nature des accommodements des droits constatés par le certificat d'enregistrement », *Revue juridique du Zaïre*, 1990-1991, pp. 61-71.

5. KALAMBAY LUMPUNGU G., « Nécessité d'une formation spéciale des Conservateurs des Titres Immobiliers », *Annales de la Faculté de Droit*, vol. IV-VII, pp. 77- 92.

6. KALAMBAY LUMPUNGU G., « Protection jurisprudentielle des droits de l'homme en matière immobilière : cas des parties détentrices chacune d'un certificat d'enregistrement légalement inattaquable », *Revue de la Faculté de Droit*, Université Protestante au Congo, n° 1, 2e année, 1999, Kinshasa, CEDI, pp. 267-275.

7. KALAMBAY LUMPUNGU G., « La place de la loi foncière dans l'économie nationale », *Revue du Barreau de Kinshasa/Gombe*, n° 5, 2012, pp. 17-32.

8. KANGULUMBA MBAMBI V., « L'exécution des décisions judiciaires par les personnes morales de droit public en droit judiciaire privé congolais », *Revue africaine de droit international et comparé*, vol. 11, n° 2, 1999, Londres, pp. 296-315.

9. KANGULUMBA MBAMBI V., « Quelques propos sur l'évaluation des lois : cas de la loi foncière du 20 juillet 1973 », in *La loi du 20 juillet 1973 portant régime général de biens, régime foncier et immobilier et régime des sûretés au Congo, trente après : quel bilan ? Essai d'évaluation*, Louvain-la-Neuve/Kinshasa, Academia-Bruylant/KAZI, 2003, pp. 31-47.

10. KANGULUMBA MBAMBI V., « L'ordonnance du 14 mai 1886 est un ancêtre illégalement vénéré par la Cour suprême de Justice », *Les Analyses juridiques*, n° 10, 2006, septembre-décembre, Lubumbashi, pp. 57-60.

11. KANGULUMBA MBAMBI V., « Deux questions récurrentes de droit foncier : "vertus" fausses ou supposées du certificat d'enregistrement et portée réelle et opportunité de l'article 16 de la loi du 24 décembre 2011 relative aux principes fondamentaux de l'agriculture », *Revue du Barreau de Kinshasa/Gombe*, n° 5, 2012, pp. 40-66.

12. KATUALA KABA KASHALA J.-M., « De la jurisprudence congolaise en matière de preuve de propriété des droits immobiliers », in *La loi du 20 juillet 1973 portant régime des biens, régime foncier et immobilier et régime des sûretés au Congo, 30 ans après : quel bilan ? Essai d'évaluation*, Louvain-la-Neuve/Kinshasa, Academia-Bruylant/ KAZI, 2003, pp. 57-76.

13. KENGO WA DONDO, « De l'acquisition et de la transmission des droits immobiliers en droit zaïrois », *Bulletin des Arrêts de la Cour suprême de Justice : Année 1979*, Kinshasa, Service Documentation et Études du Département de la Justice, 1984, pp. 361-456.

14. KIFWABALA TEKILAZAYA J.-P., « La validité des certificats d'enregistrement dressés avant la loi foncière de 1973 », Note, *Les Analyses juridiques*, n° 3, 2004, pp. 52-66.

15. La Chronique Judiciaire. « L'*Act Torrens* », *Journal des Tribunaux d'Outre-mer*, 6e année, n° 55, 15 janvier 1955.

16. MBUYI TSHIMBADI, « Ordonnance de l'Administrateur général au Congo du 14 mai 1886 qui permet le recours aux principes généraux et à l'équité, est-elle encore d'application ? », *Les Analyses juridiques*, n° 5, 2005, janvier-avril, Lubumbashi, pp. 62-64.

17. Rapport du Conseil colonial sur un projet de décret ajoutant un nouveau titre au livre du Code civil intitulé : « Des biens et des différentes modifications de la propriété », in *Compte rendu analytique des séances : Année 1919*, 1920, Bruxelles, Annexe VI.

18. TSHILOMBO MUNYENGAYI, « La force probante du certificat d'enregistrement : évolution du principe et situation actuelle », *Revue juridique congolaise*, n° 2, 1999, Kinshasa.

19. TSHILOMBO MUNYENGAYI, « Le principe de la publicité réelle en matière des concessions perpétuelles et des mutations immobilières dans le droit congolais », *Revue de la Chaire de Dynamique Sociale. Mouvement et enjeux sociaux*, 2004, n° 15, janvier-février, Kinshasa, pp. 53-78.

20. VUNDUAWE te PEMAKO, « L'histoire constitutionnelle des actes ayant force de loi au Congo-Zaïre (1885-2005), in Sayeman BULA-BULA (dir.), *Pour l'épanouissement de la pensée juridique congolaise. Liber amicorum Marcel Antoine Lihau*, Bruxelles-Kinshasa, Bruylant-PUK, 2006.

D. THÈSE

KALAMBAY LUMPUNGU G., *Le droit foncier zaïrois et son unification*, Thèse de doctorat, Université catholique de Louvain, Faculté de Droit, 1973, 641 p.

E. SYLLABUS

1. LAMY E., *Cours de droit pénal général*, Université Lovanium, 1974, 497 p.

2. KANGULUMBA MBAMBI V., *Cours de droit civil. Les Biens*, 2e éd., 2e graduat en Droit, Année académique 2003-2004, 228 p.

3. KALAMBAY LUMPUNGU G., *Certificat d'enregistrement : commentaire sur la dernière modification et circuit pour l'obtenir*, inédit.

4. KISAKA kia NGOY, *Cours de procédure pénale*, Université de Kinshasa, Faculté de Droit, 1988-1989, 249 p.

TABLE DES MATIÈRES

www.ingramcontent.com/pod-product-compliance
Lightning Source LLC
LaVergne TN
LVHW010918051026
849532LV00003B/754

* 9 7 8 2 8 0 6 1 0 5 5 7 8 *